東京の市場《いちば》さんぽ

柴山ミカ

X-Knowledge

はじめに

私が市場めぐりを始めたのは十二年ほど前。きっかけは取材で訪れた昔ながらの朝市でした。地味な印象だと思っていたのに、そこには、売ること、買うこと、会話することがしみじみ楽しいって思える時間がありました。すっかり魅了された私は、近くで開かれていないかなどを調べ、週末ごとに足を運ぶようになったのです。それから市場や定期市のことを、愛を込めて「イチ」と呼びはじめ、自ら企画運営にも挑戦しました。魅力あるイチは、参加者と来場者が一体となって場をつくっていると感じます。作り手（農家からクラフトマンまで）や送り手（骨董商や古書店など）から、私たち使い手へバトンを渡すような感じに、いつもワクワクしてしまうのです。

本書で紹介するイチは、次のように定義してみました。

一、誰でも気軽に立ち寄れるもの（入場に費用がかからない）
二、できるだけ生産者が直販するもの（古物を除く）
三、常設ではなく、限定日に開市《かいし》（市が立つ）するもの
四、定期開市を中心に、不定期でも年一回以上は開市予定のもの

軒先の小さな朝市から暦にまつわる伝統的な定期市まで、二年近くかけてめぐり直した訪問記に、参考情報をセットにしてまとめました。東京・神奈川・千葉・埼玉の大きく四つのエリアに分けて掲載。アラウンド・トーキョーのイチ計88ヶ所は、何度も通って、季節ごとの楽しみ方なども体感したものばかりです。

本書を手にしてくださったみなさんが、「行ってみたい」「いつか自分たちの街でもやってみたい」と、自分仕様の楽しみ方を見つけていただけたらうれしく思います。

さあ、あなたもぜひイチへと出かけてみてください。

年間カレンダー

※市場名に付いている番号は、本編の番号とリンクしています。1月〜12月の00は毎月開市予定のものを表します
※このカレンダーは過去の開市日と2019年開市予定のデータをもとに作成したものです
※開市スケジュールや開市場所などは変更となる場合があります。訪問の際は、あらかじめ最新情報をご確認ください
※季節開催および開催月が確定していないものは「年市」（年一回以上開市予定）、毎週開市予定のものは「週市」として掲載しています

	JANUARY 1	FEBRUARY 2
東京・有楽町〜湾岸エリア	01 天王洲ハーバーマーケット 02 大江戸骨董市 03 丸の内ストリートマーケット 04 清澄白河プチマルシェ 05 太陽のマルシェ	02 大江戸骨董市 03 丸の内ストリートマーケット 04 清澄白河プチマルシェ 05 太陽のマルシェ
下町エリア	09 テラデマルシェ（2020年〜） 12 青井兵和通り商店街朝市	12 青井兵和通り商店街朝市
新宿・池袋エリア	17 手創り市・雑司が谷 19 護国寺骨董市 20 池袋nest marche 22 ロータス寺市	17 手創り市・雑司が谷 19 護国寺骨董市 20 池袋nest marche
渋谷・六本木エリア	23 代官山 朝市 25 渋谷蚤の市 29 NODE UEHARA テラスマルシェ 30 赤坂蚤の市 in ARK HILLS 32 乃木神社骨董蚤の市	23 代官山 朝市 25 渋谷蚤の市 29 NODE UEHARA テラスマルシェ 30 赤坂蚤の市 in ARK HILLS 32 乃木神社骨董蚤の市
世田谷エリア	36 世田谷観音朝市 38 世田谷ボロ市 39 二子玉川ストリートマーケットふたこ座 41 SLOW MARCHÉ	36 世田谷観音朝市 39 二子玉川ストリートマーケットふたこ座 41 SLOW MARCHÉ
中央線エリア	42 新井薬師骨董市 43 座の市 44 オトノハ朝市（〜2019年） 45 西荻昼市 46 こけし屋グルメの朝市 48 吉祥寺ハーモニカ横丁朝市 49 はけのおいしい朝市 50 ニチニチ日曜市	43 座の市 44 オトノハ朝市（〜2019年） 45 西荻昼市 46 こけし屋グルメの朝市 48 吉祥寺ハーモニカ横丁朝市 49 はけのおいしい朝市 50 ニチニチ日曜市
23区外エリア	54 町田天満宮がらくた骨董市 55 布多天骨董てんこもり市	54 町田天満宮がらくた骨董市 55 布多天骨董てんこもり市
神奈川エリア	62 大磯市 64 かみふなかクラフト市 67 湘南蚤の市 69 湘南・龍ノ口骨董市 75 みなとみらい農家朝市 76 やまとプロムナード古民具骨董市	62 大磯市 63 たびするくま 64 かみふなかクラフト市 67 湘南蚤の市 69 湘南・龍ノ口骨董市 75 みなとみらい農家朝市 76 やまとプロムナード古民具骨董市
千葉エリア	80 巡市	80 巡市 81 成田山開運不動市
埼玉エリア	86 浦和宿ふるさと市 87 川越成田不動尊蚤の市 88 （ARTISAN） FARMERS MARKET KAWAGUCHI	86 浦和宿ふるさと市 87 川越成田不動尊蚤の市 88 （ARTISAN） FARMERS MARKET KAWAGUCHI

JUNE 6	MAY 5	APRIL 4	MARCH 3
02 大江戸骨董市 03 丸の内ストリートマーケット 04 清澄白河プチマルシェ 05 太陽のマルシェ	01 天王洲ハーバーマーケット 02 大江戸骨董市 03 丸の内ストリートマーケット 04 清澄白河プチマルシェ 05 太陽のマルシェ	02 大江戸骨董市 03 丸の内ストリートマーケット 04 清澄白河プチマルシェ 05 太陽のマルシェ	01 天王洲ハーバーマーケット 02 大江戸骨董市 03 丸の内ストリートマーケット 04 清澄白河プチマルシェ 05 太陽のマルシェ
12 青井兵和通り商店街朝市 14 お富士さんの植木市	07 不忍ブックストリート・一箱古本市 09 テラデマルシェ（2020年〜） 12 青井兵和通り商店街朝市 14 お富士さんの植木市	08 すみだガラス市 12 青井兵和通り商店街朝市	09 テラデマルシェ（2020年〜） 12 青井兵和通り商店街朝市
17 手創り市・雑司が谷 19 護国寺骨董市 20 池袋nest marche	17 手創り市・雑司が谷 19 護国寺骨董市 20 池袋nest marche 22 ロータス寺市	17 手創り市・雑司が谷 19 護国寺骨董市 20 池袋nest marche	17 手創り市・雑司が谷 19 護国寺骨董市 20 池袋nest marche
23 代官山 朝市 25 渋谷蚤の市 29 NODE UEHARA テラスマルシェ 30 赤坂蚤の市in ARK HILLS 32 乃木神社骨董蚤の市	23 代官山 朝市 25 渋谷蚤の市 29 NODE UEHARA テラスマルシェ 30 赤坂蚤の市in ARK HILLS 32 乃木神社骨董蚤の市	23 代官山 朝市 25 渋谷蚤の市 29 NODE UEHARA テラスマルシェ 30 赤坂蚤の市in ARK HILLS 32 乃木神社骨董蚤の市	23 代官山 朝市 25 渋谷蚤の市 29 NODE UEHARA テラスマルシェ 30 赤坂蚤の市in ARK HILLS 32 乃木神社骨董蚤の市
36 世田谷観音朝市 37 SUNDAY MARKET 39 二子玉川ストリートマーケットふたこ座 40 池上本門寺朝市 41 SLOW MARCHÉ	36 世田谷観音朝市 39 二子玉川ストリートマーケットふたこ座 40 池上本門寺朝市 41 SLOW MARCHÉ	36 世田谷観音朝市 39 二子玉川ストリートマーケットふたこ座 40 池上本門寺朝市 41 SLOW MARCHÉ	36 世田谷観音朝市 37 SUNDAY MARKET 39 二子玉川ストリートマーケットふたこ座 40 池上本門寺朝市 41 SLOW MARCHÉ
42 新井薬師骨董市 43 座の市 44 オトノハ朝市（〜2019年） 45 西荻昼市 46 こけし屋グルメの朝市 48 吉祥寺ハーモニカ横丁朝市 49 はけのおいしい朝市 50 ニチニチ日曜市	42 新井薬師骨董市 43 座の市 44 オトノハ朝市（〜2019年） 45 西荻昼市 46 こけし屋グルメの朝市 47 井のいち 48 吉祥寺ハーモニカ横丁朝市 49 はけのおいしい朝市 50 ニチニチ日曜市	42 新井薬師骨董市 43 座の市 44 オトノハ朝市（〜2019年） 45 西荻昼市 46 こけし屋グルメの朝市 48 吉祥寺ハーモニカ横丁朝市 49 はけのおいしい朝市 50 ニチニチ日曜市	42 新井薬師骨董市 43 座の市 44 オトノハ朝市（〜2019年） 45 西荻昼市 46 こけし屋グルメの朝市 48 吉祥寺ハーモニカ横丁朝市 49 はけのおいしい朝市 50 ニチニチ日曜市
54 町田天満宮がらくた骨董市 55 布多天骨董てんこもり市 59 梅の市	54 町田天満宮がらくた骨董市 55 布多天骨董てんこもり市 58 八王子古本まつり	54 町田天満宮がらくた骨董市 55 布多天骨董てんこもり市	54 町田天満宮がらくた骨董市 55 布多天骨董てんこもり市
62 大磯市 63 たびするくま 64 かみふなかクラフト市 67 湘南蚤の市 69 湘南・龍ノ口骨董市 75 みなとみらい農家朝市 76 やまとプロムナード古民具骨董市	62 大磯市 64 かみふなかクラフト市 67 湘南蚤の市 68 長谷の市・朝市 69 湘南・龍ノ口骨董市 71 葉山芸術祭・青空アート市 75 みなとみらい農家朝市 76 やまとプロムナード古民具骨董市	62 大磯市 63 たびするくま 64 かみふなかクラフト市 67 湘南蚤の市 69 湘南・龍ノ口骨董市 71 葉山芸術祭・青空アート市 75 みなとみらい農家朝市 76 やまとプロムナード古民具骨董市	62 大磯市 64 かみふなかクラフト市 67 湘南蚤の市 69 湘南・龍ノ口骨董市 75 みなとみらい農家朝市 76 やまとプロムナード古民具骨董市
80 巡市 81 成田山開運不動市	80 巡市 81 成田山開運不動市	80 巡市 81 成田山開運不動市	80 巡市 81 成田山開運不動市
86 浦和宿ふるさと市 87 川越成田不動尊蚤の市 88 （ARTISAN） FARMERS MARKET KAWAGUCHI	86 浦和宿ふるさと市 87 川越成田不動尊蚤の市 88 （ARTISAN） FARMERS MARKET KAWAGUCHI	86 浦和宿ふるさと市 87 川越成田不動尊蚤の市 88 （ARTISAN） FARMERS MARKET KAWAGUCHI	86 浦和宿ふるさと市 87 川越成田不動尊蚤の市 88 （ARTISAN） FARMERS MARKET KAWAGUCHI

OCTOBER 10	SEPTEMBER 9	AUGUST 8	JULY 7	
02大江戸骨董市 03丸の内ストリートマーケット 04清澄白河プチマルシェ 05太陽のマルシェ	01天王洲ハーバーマーケット 02大江戸骨董市 03丸の内ストリートマーケット 04清澄白河プチマルシェ 05太陽のマルシェ	02大江戸骨董市 04清澄白河プチマルシェ	01天王洲ハーバーマーケット 02大江戸骨董市 04清澄白河プチマルシェ 05太陽のマルシェ	東京・有楽町〜湾岸エリア
06神田古本まつり青空古本市 08すみだガラス市 11すみだ川ものコト市 12青井兵和通り商店街朝市	09テラデマルシェ（2020年〜） 12青井兵和通り商店街朝市	12青井兵和通り商店街朝市	09テラデマルシェ（2020年〜） 12青井兵和通り商店街朝市 13入谷朝顔まつり 15四万六千日・ほおずき市	下町エリア
17手創り市・雑司が谷 19護国寺骨董市 20池袋nest marche	17手創り市・雑司が谷 19護国寺骨董市 20池袋nest marche 22ロータス寺市	17手創り市・雑司が谷 19護国寺骨董市 20池袋nest marche	17手創り市・雑司が谷 19護国寺骨董市 20池袋nest marche	新宿・池袋エリア
23代官山 朝市 25渋谷蚤の市 29NODE UEHARA テラスマルシェ 30赤坂蚤の市in ARK HILLS 32乃木神社骨董蚤の市	23代官山 朝市 29NODE UEHARA テラスマルシェ 30赤坂蚤の市in ARK HILLS 32乃木神社骨董蚤の市	23代官山 朝市 25渋谷蚤の市 29NODE UEHARA テラスマルシェ 30赤坂蚤の市in ARK HILLS 32乃木神社骨董蚤の市	23代官山 朝市 25渋谷蚤の市 29NODE UEHARA テラスマルシェ 30赤坂蚤の市in ARK HILLS 32乃木神社骨董蚤の市	渋谷・六本木エリア
36世田谷観音朝市 39二子玉川ストリートマーケットふたこ座 40池上本門寺朝市 41SLOW MARCHÉ	36世田谷観音朝市 37SUNDAY MARKET 39二子玉川ストリートマーケットふたこ座 40池上本門寺朝市 41SLOW MARCHÉ	36世田谷観音朝市 39二子玉川ストリートマーケットふたこ座 41SLOW MARCHÉ	36世田谷観音朝市 39二子玉川ストリートマーケットふたこ座 41SLOW MARCHÉ	世田谷エリア
42新井薬師骨董市 43座の市 44オトノハ朝市（〜2019年） 45西荻昼市 46こけし屋グルメの朝市 48吉祥寺ハーモニカ横丁朝市 49はけのおいしい朝市 50ニチニチ日曜市	42新井薬師骨董市 43座の市 44オトノハ朝市（〜2019年） 45西荻昼市 46こけし屋グルメの朝市 48吉祥寺ハーモニカ横丁朝市 49はけのおいしい朝市 50ニチニチ日曜市	42新井薬師骨董市 43座の市 44オトノハ朝市（〜2019年） 45西荻昼市 46こけし屋グルメの朝市 48吉祥寺ハーモニカ横丁朝市 49はけのおいしい朝市 50ニチニチ日曜市	42新井薬師骨董市 43座の市 44オトノハ朝市（〜2019年） 45西荻昼市 46こけし屋グルメの朝市 48吉祥寺ハーモニカ横丁朝市 49はけのおいしい朝市 50ニチニチ日曜市	中央線エリア
52もみじ市 54町田天満宮がらくた骨董市 55布多天骨董てんこもり市 57多摩くらふとフェア 58八王子古本まつり	54町田天満宮がらくた骨董市 55布多天骨董てんこもり市	54町田天満宮がらくた骨董市 55布多天骨董てんこもり市	54町田天満宮がらくた骨董市 55布多天骨董てんこもり市 56大國魂神社すもも祭	23区外エリア
62大磯市 63たびするくま 64かみふなかクラフト市 67湘南蚤の市 68長谷の市・朝市 69湘南・龍ノ口骨董市 75みなとみらい農家朝市 76やまとプロムナード古民具骨董市	62大磯市 64かみふなかクラフト市 67湘南蚤の市 69湘南・龍ノ口骨董市 75みなとみらい農家朝市 76やまとプロムナード古民具骨董市	62大磯市 64かみふなかクラフト市 67湘南蚤の市 69湘南・龍ノ口骨董市 75みなとみらい農家朝市 76やまとプロムナード古民具骨董市	62大磯市 64かみふなかクラフト市 67湘南蚤の市 69湘南・龍ノ口骨董市 75みなとみらい農家朝市 76やまとプロムナード古民具骨董市 77川崎大師風鈴市	神奈川エリア
78工房からの風 80巡市 81成田山開運不動市	80巡市 81成田山開運不動市	80巡市 81成田山開運不動市	80巡市 81成田山開運不動市	千葉エリア
86浦和宿ふるさと市 87川越成田不動尊蚤の市 88（ARTISAN）FARMERS MARKET KAWAGUCHI	86浦和宿ふるさと市 87川越成田不動尊蚤の市 88（ARTISAN）FARMERS MARKET KAWAGUCHI	86浦和宿ふるさと市 87川越成田不動尊蚤の市 88（ARTISAN）FARMERS MARKET KAWAGUCHI	86浦和宿ふるさと市 87川越成田不動尊蚤の市 88（ARTISAN）FARMERS MARKET KAWAGUCHI	埼玉エリア

年市	週市	DECEMBER 12	NOVEMBER 11
		02大江戸骨董市 03丸の内ストリートマーケット 04清澄白河プチマルシェ 05太陽のマルシェ	01天王洲ハーバーマーケット 02大江戸骨董市 03丸の内ストリートマーケット 04清澄白河プチマルシェ 05太陽のマルシェ
10北マルシェ		12青井兵和通り商店街朝市 16羽子板市	06神田古本まつり青空古本市 09テラデマルシェ（2020年〜） 12青井兵和通り商店街朝市
18みちくさ市	21花園神社青空骨董市	17手創り市・雑司が谷 19護国寺骨董市 20池袋nest marche	17手創り市・雑司が谷 19護国寺骨董市 20池袋nest marche
24ヒルサイドマーケット 28東京朝市アースデイマーケット 34目黒マルシェ 35GARAKUTA市	26ファーマーズマーケット@UNU 27Aoyama Weekly Antique Market 31ヒルズマルシェ 33YEBISUマルシェ	23代官山 朝市 25渋谷蚤の市 29NODE UEHARA テラスマルシェ 30赤坂蚤の市 in ARK HILLS 32乃木神社骨董蚤の市	23代官山 朝市 25渋谷蚤の市 29NODE UEHARA テラスマルシェ 30赤坂蚤の市 in ARK HILLS 32乃木神社骨董蚤の市
		36世田谷観音朝市 37SUNDAY MARKET 38世田谷ボロ市 39二子玉川ストリートマーケットふたこ座 40池上本門寺朝市 41SLOW MARCHÉ	36世田谷観音朝市 39二子玉川ストリートマーケットふたこ座 40池上本門寺朝市 41SLOW MARCHÉ
44オトノハ朝市（2020年〜） 51kunitachiゆる市		42新井薬師骨董市 43座の市 44オトノハ朝市（〜2019年） 45西荻昼市 46こけし屋グルメの朝市 48吉祥寺ハーモニカ横丁朝市 49はけのおいしい朝市 50ニチニチ日曜市	42新井薬師骨董市 43座の市 44オトノハ朝市（〜2019年） 45西荻昼市 46こけし屋グルメの朝市 48吉祥寺ハーモニカ横丁朝市 49はけのおいしい朝市 50ニチニチ日曜市
53武相荘の骨董市		54町田天満宮がらくた骨董市 55布多天骨董てんこもり市	54町田天満宮がらくた骨董市 55布多天骨董てんこもり市 60酉の市
61山のオーガニックマーケット 66ノキサキカゴイチ 70鎌人いち場 73横浜大さん橋マルシェ	72三崎朝市 74ぞうさんマルシェ	62大磯市 63たびするくま 64かみふなかクラフト市 67湘南蚤の市 69湘南・龍ノ口骨董市 75みなとみらい農家朝市 76やまとプロムナード古民具骨董市	62大磯市 64かみふなかクラフト市 65ドングリ市 67湘南蚤の市 69湘南・龍ノ口骨董市 75みなとみらい農家朝市 76やまとプロムナード古民具骨董市
79おこめのいえ 手創り市 83渚のファーマーズマーケット	82大原漁港・港の朝市 85勝浦朝市（水曜・元日を除く毎日開市）	80巡市 81成田山開運不動市	80巡市 81成田山開運不動市 84RICEDAY BOSO
		86浦和宿ふるさと市 87川越成田不動尊蚤の市 88（ARTISAN）FARMERS MARKET KAWAGUCHI	86浦和宿ふるさと市 87川越成田不動尊蚤の市 88（ARTISAN）FARMERS MARKET KAWAGUCHI

もくじ

東京の市場さんぽ

東京・有楽町〜湾岸エリア

下町エリア

新宿・池袋エリア

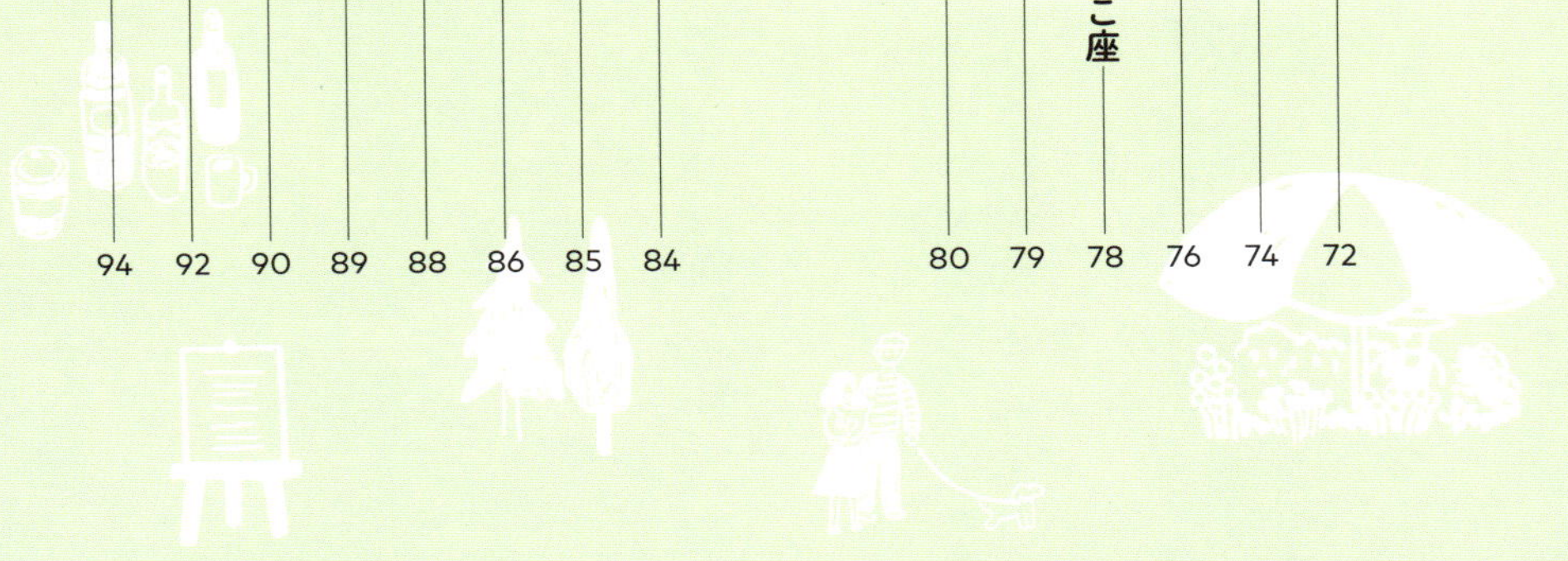

千葉の市場さんぽ

埼玉の市場さんぽ

COLUMN

番外編

デザイン 菅谷真理子、髙橋朱里（マルサンカク）
イラスト 須山奈津希
印刷 シナノ書籍印刷

※本書に掲載した内容は、２０１９年８月現在のものです。開市日時・場所・内容などは、変更になる可能性もございます。お出かけの際は、あらかじめ最新情報をご確認ください

東京の市場さんぽ

東京・有楽町～湾岸エリア

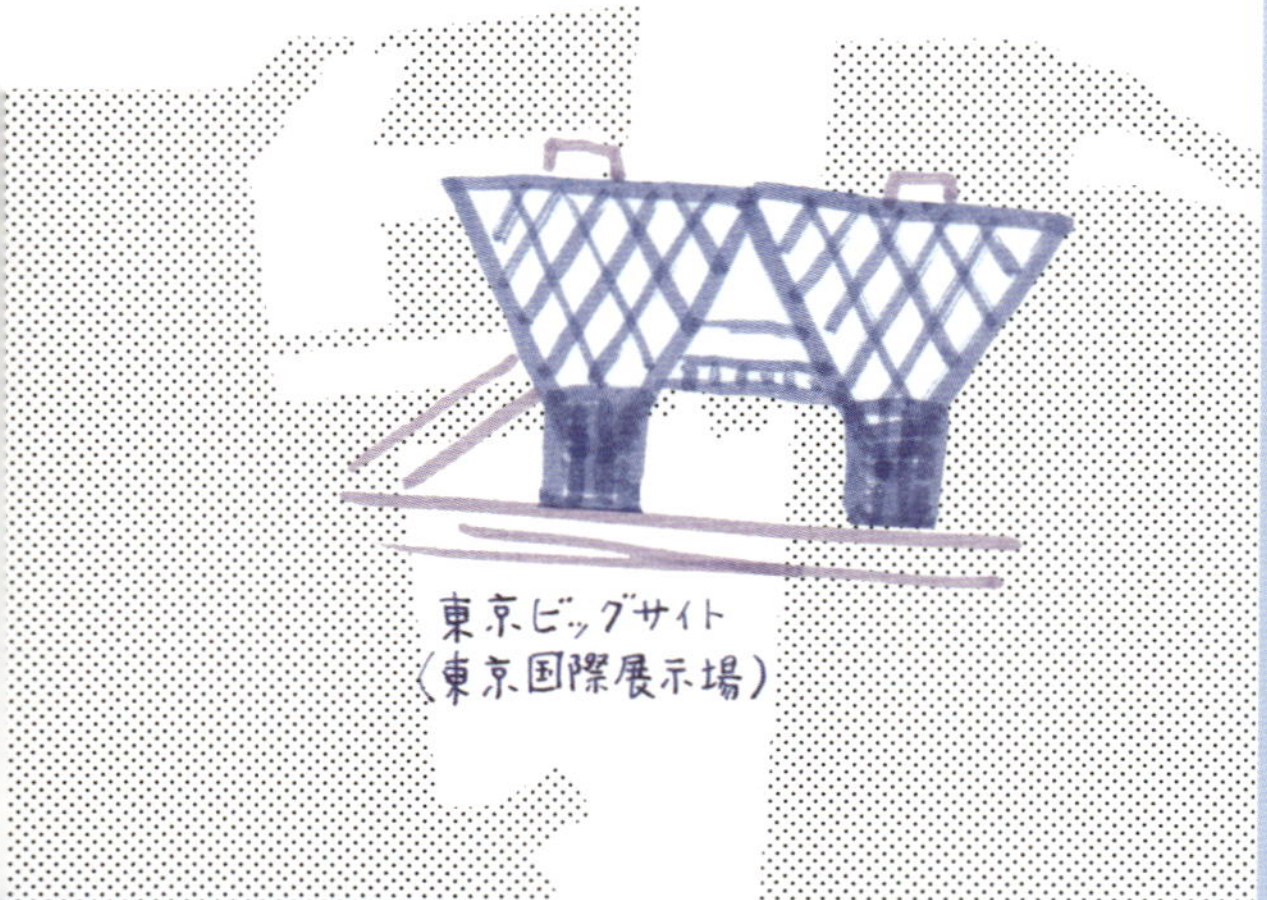

TOKYO
[Tokyo・Yurakucho – wangan Area]

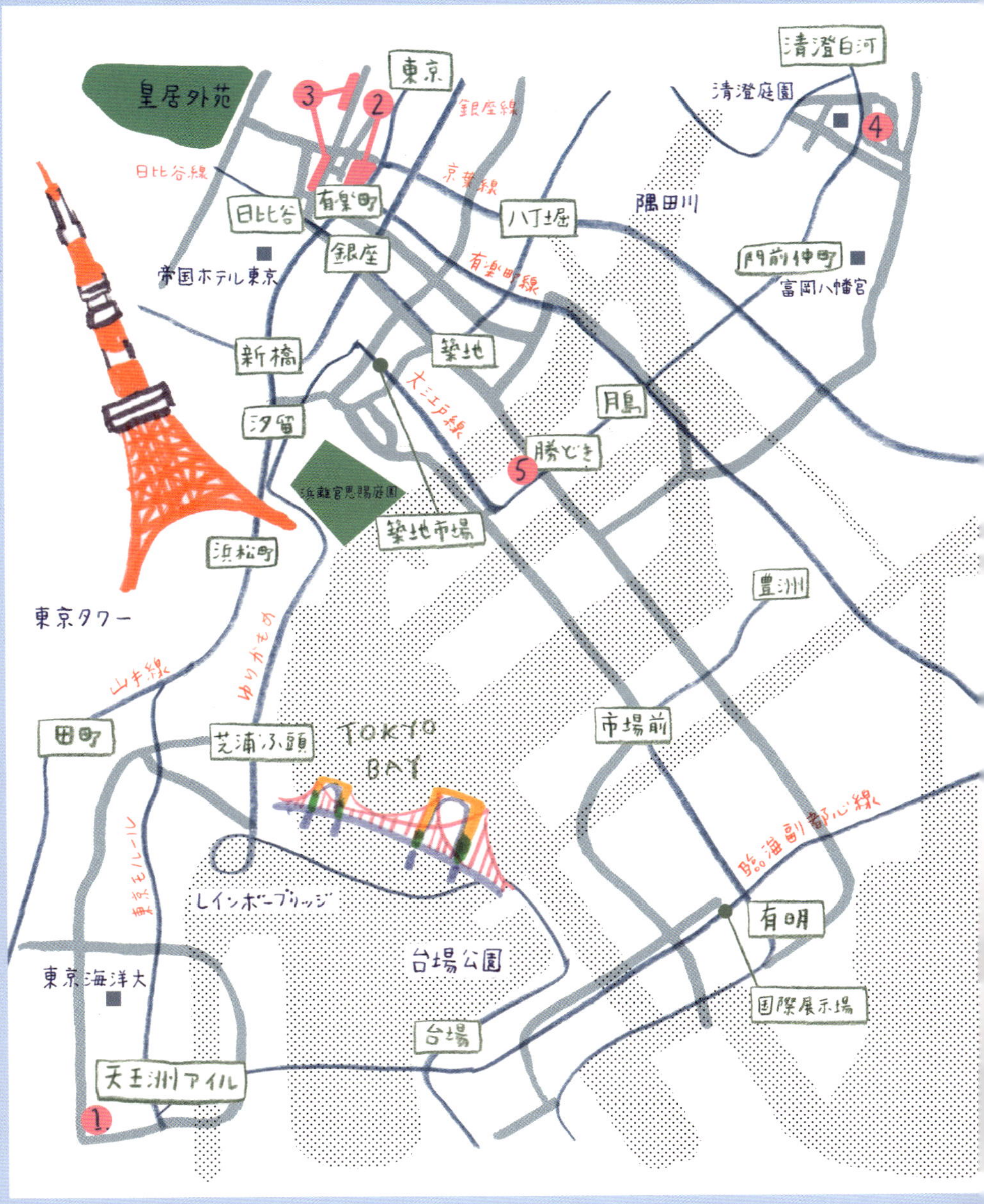

01

運河沿いの新たなライフスタイルマーケット

天王洲ハーバーマーケット

骨董・クラフト・フード

施設内

奇数月第2週の土日

2018年初頭、新たな定期市が誕生したと聞き、久しぶりに天王洲へと向かいました。〝天王洲ハーバーマーケット〟のテーマは「食×飾」。身近な骨董・ブロカントを中心に、雑貨やアクセサリー、古着から植物まで多彩な出店者が集合しています。倉庫をリノベーションした天井の高いハイセンスな空間と、運河沿いの心地よいロケーションに「ほかのどのマルシェとも違っていて出店する側も楽しみ」という声も。フード類では、併設のキッチンでつくられるできたてランチやスイーツも人気です。この日はフランス菓子仕込みの大人味ドーナツを。ふわふわでおいしかったなあ。そして、二つの室内会場と、それをつなぐ運河沿いのボードウォーク(木製遊歩道)はなんともいえない心地よさ。そこのテーブルでおいしいものを片手にゆったりできるのもいいんです。天王洲の魅力を再認識！ 運河のロケーションと見事にマッチングした定期市、デートにもおすすめですよ。

A天気に左右されない室内開催が中心　Bコンクリート打ち放しの空間にヴィンテージが映える　C時代を渡り歩いた器やカトラリー　D季節の花やグリーンもおしゃれなセレクト　E半世紀以上前のアクセサリーも数多く並ぶ

スイーツを楽しみにやってくる人も多い

ランチはキッチンでできたてを提供

[DATA]

開市場所：
天王洲アイル第3水辺広場 TMMT/B&C HALL
(品川区東品川2-1)

アクセス：
東京臨海高速鉄道りんかい線・東京モノレール天王洲アイル駅より徒歩5分

開市日時：
奇数月第2週の土曜・日曜 11時〜18時
(変更の場合あり)
https://www.tennozmarket.com/

ひとことコラム

同会場では天王洲ファーマーズマーケット（九州野菜と体にいいもの）、天王洲コレクション（ヴィンテージファッション）、天王洲ヴィレッジ（遊ぶ・学ぶ・体験する）と計四つの定期市が開催されています。違うテーマにも興味津々！

02

大江戸骨董市

インターナショナルな骨董市へようこそ

骨董・古民具

施設内広場

毎月第1・第3日曜

今や「訪日外国人観光客がまず東京で行きたいところの一つ」といわれるほどにまで育ってきた〝大江戸骨董市〟。試行錯誤しながらこの骨董市を立ち上げた主催者の「15年以上続けてきて、ここから巣立った骨董が、誰かの人生に深く関わっているのかもと思うと感慨深いですね」という言葉が印象的。長い時間をかけて、人の手から手へと渡ってきた逸品の裏側のストーリーに思いをはせてしまいます。

高級骨董もありますが、日常使いできる器や古民具が豊富なので、そのあたりを中心に楽しみます。細密な刺子刺繍布や、最近出店が増えている欧州ブロカントの食器など、気になるものはたくさん！

私は骨董ビギナーなので、恥と思わないでなんでも聞いてみることにしています。一見、気難しそうに見える店主も気さくに対応してくれる方ばかり。声をかけてみるだけで知識や世界が広がりますよ。誰もが自由に楽しめる、懐の深い定期市なのです。

Ⓐ最近は欧州のブロカント系の食器も増えている　Ⓑ華やかな着物は訪日外国人のお土産としても人気　Ⓒ根強い人気の印判や豆皿　Ⓓ大型家具も多数あり。配送もOK！

時代を経た味が
和骨董の魅力

各国から訪れる
骨董市ファン

[DATA]

開市場所：
東京国際フォーラム・地上広場
（千代田区丸の内3-5-1）

アクセス：
JR有楽町よりすぐ、東京駅より徒歩5分

開市日時：
毎月第1・第3日曜 9時〜16時（臨時追加開催や天候・会場都合による休市・変更の場合あり）
https://www.antique-market.jp/

ひとことコラム

各国の言語に対応した通訳のボランティアスタッフが本部に常駐（参加ボランティアにより対応言語は異なる）。外国人観光客向けにもさまざまな配慮がなされています。また代々木公園ケヤキ並木でも、緑の中の大江戸骨董市として年4〜5回開催されています。

03

アプリからリアルへ 街角クラフトマーケット

丸の内ストリートマーケット by Creema

クラフト・フード
ストリート
毎月1回

東京駅中央口から2ブロックほどのところにある丸の内仲通りは、石畳の閑静なたたずまいで、個人的にも東京の好きな風景の一つ。以前から「ここで定期市が開けたら素敵だろうな」と思っていたところ、ついに誕生してくれました。仕掛け人はクリエーターズマーケットアプリ〝Ｃｒｅｅｍａ〟と聞いてびっくり。リアルなコミュニケーションの場をつくりたいと思っていたそう。「買い物はネット派」のユーザーにも、定期市で作り手と対面するおもしろさを伝えてもらえると思うと、なんだかうれしい！

街路樹に囲まれた仲通りの両サイドには、服飾雑貨を中心に50店舗以上のお店が並んでいます。「ここは毎回出店したいくらい気持ちいいですね」というクリエーターも。場所柄、観光で偶然立ち寄った人や、主催がＣｒｅｅｍａとは知らない来場者も多いそうで、買い手と売り手、互いに思わぬ出会いが生まれる……そんな定期市の醍醐味も味わえそうですよ。

Ⓐディスプレイまで個性が光る　Ⓑ予算に合わせたオリジナルブーケも　Ⓒ衣食住にまつわる作り手が出店　Ⓓ通り全体のイメージと見事にマッチ！　Ⓔ店番しながら追加の作品を仕上げる

美しいキャンドルはプレゼントに人気

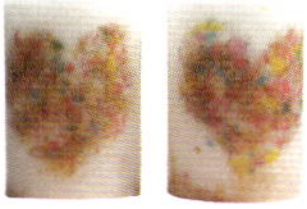

フードトラックもキュート！

[DATA]

開市場所：
丸の内仲通り（千代田区丸の内3-4-1周辺 新国際ビル前または丸ビル前エリア）

アクセス：
JR東京駅中央口、有楽町駅から徒歩5分以内

開市日時：
毎月1回（7月・8月は除く）土曜・日曜 11時15分～16時30分（休市・変更の場合あり）
https://www.creema.jp/event/marunouchi_creema/

ひとことコラム

丸の内仲通りの丸ビル前と新国際ビル前のいずれかが会場に。東京駅の雑踏から離れてゆっくり過ごせる、心地よいエリアです。キッチンカーの出店もあり、ランチやおやつもテーブル席で楽しめます。

04

保全活動と定期市の絶妙コラボ

洋服ポストさんごほぜん＋清澄白河プチマルシェ

フード・クラフト

軒先

毎月第２日曜

人気急上昇の街・清澄白河で見つけた〝洋服ポストさんごほぜん＋清澄白河プチマルシェ〟は、社会貢献活動と、地元の作り手を中心に食や癒しを提供するマルシェの合体版。主催者にゆかりのある山形産と近県農家の農産物をはじめ、地元の商店と作り手による食やクラフトの直売、占いやマッサージなどの癒し系サービス、素敵な会場を提供するカフェ特製のブランチやスイーツなど、小さいながらも充実した内容の定期市です。「洋服ポスト」とは、まだ着られる衣類を引き取って、キロ当たりの設定金額を各支援先へ寄付する取り組み。こちらでは沖縄の珊瑚礁保全活動へ、マルシェの売り上げの一部とともに寄付しています。着なくなった洋服と向き合うことで、「いいものを少しずつ」とマルシェのこだわりの品に興味をもつ人も多いそう。わずか2時間という短い時間ながらひっきりなしに人が訪れる盛況ぶり、いい循環で気持ちも朝から上向きになれますよ。

[DATA]

開市場所：fukadaso cafe（江東区平野1-9-7）

アクセス：都営大江戸線・東京メトロ半蔵門線清澄白河駅より徒歩5分

開市日時：毎月第２日曜 10時〜12時

https://youfukupost-sangohozen.tumblr.com/

\ ひとことコラム /

この定期市のように、互いに影響を与え合うコラボの定期市＋支援活動も「あり」だと思います。ただ、物珍しさや話題づくりだけで始めると、双方ともに長く続けていくことは困難。定期市の意義や目指す方向がブレないことが何より大切な気がします。

05

日本最大級規模の都市型マルシェ

太陽のマルシェ

フード
公園
毎月第２土日

２０１３年、築地と豊洲をつなぐエリア・勝どきに大きな定期市が誕生しました。駅前の高層マンションに隣接する公園には、オーガニック野菜の農家から地域に根付いた飲食店まで、多彩なお店が軒を連ねます。出店数は約１００店！　多くのお店が並んでいるのにゆったりと感じるのは、統一されたデザインのテントや陳列台なども一役買っているのかも。

子どもが学び体験できるイベントもあり、家族で楽しむ姿が多い定期市だなと感じます。プロの目利きが厳選した食材はもちろん、いろいろな種類のキッチンカーなど、食まわりの充実した定期市がご近所にあるのは本当にうらやましい！　食との楽しい出会いを提供する、大型だからこその地域密着。いずれも大切な定期市の役割だと実感します。ほかにも興味深い場所がたくさんあるエリアなので、下町散策の立ち寄りスポットとしても要チェックです。

[DATA]

開市場所：月島第二児童公園
(中央区勝どき1-9-8)

アクセス：都営地下鉄大江戸線勝どき駅よりすぐ

開市日時：毎月第２土曜・日曜
10時～17時（4月～7月・9月）
10時～16時（10月～3月）
（8月は休市）
http://timealive.jp/

ひとことコラム

子どもたちがオリジナルのエプロンやバンダナをつけてマルシェスタッフの擬似体験をできる「キッズマルシェ」が楽しそう！（毎回開催、要事前申込）もし自分が幼少期にこんな体験をしていたら、イチマニアっぷりに磨きがかかっていたかも？！

東京の市場さんぽ

下町エリア

6 神田古本まつり青空古本市
7 不忍ブックストリート・一箱古本市
8 すみだガラス市
9 テラデマルシェ
10 北マルシェ
11 すみだ川ものコト市
12 青井兵和通り商店街朝市
13 入谷朝顔まつり（朝顔市）
14 お富士さんの植木市
15 四万六千日・ほおずき市
16 羽子板市

TOKYO
[Shitamachi Area]

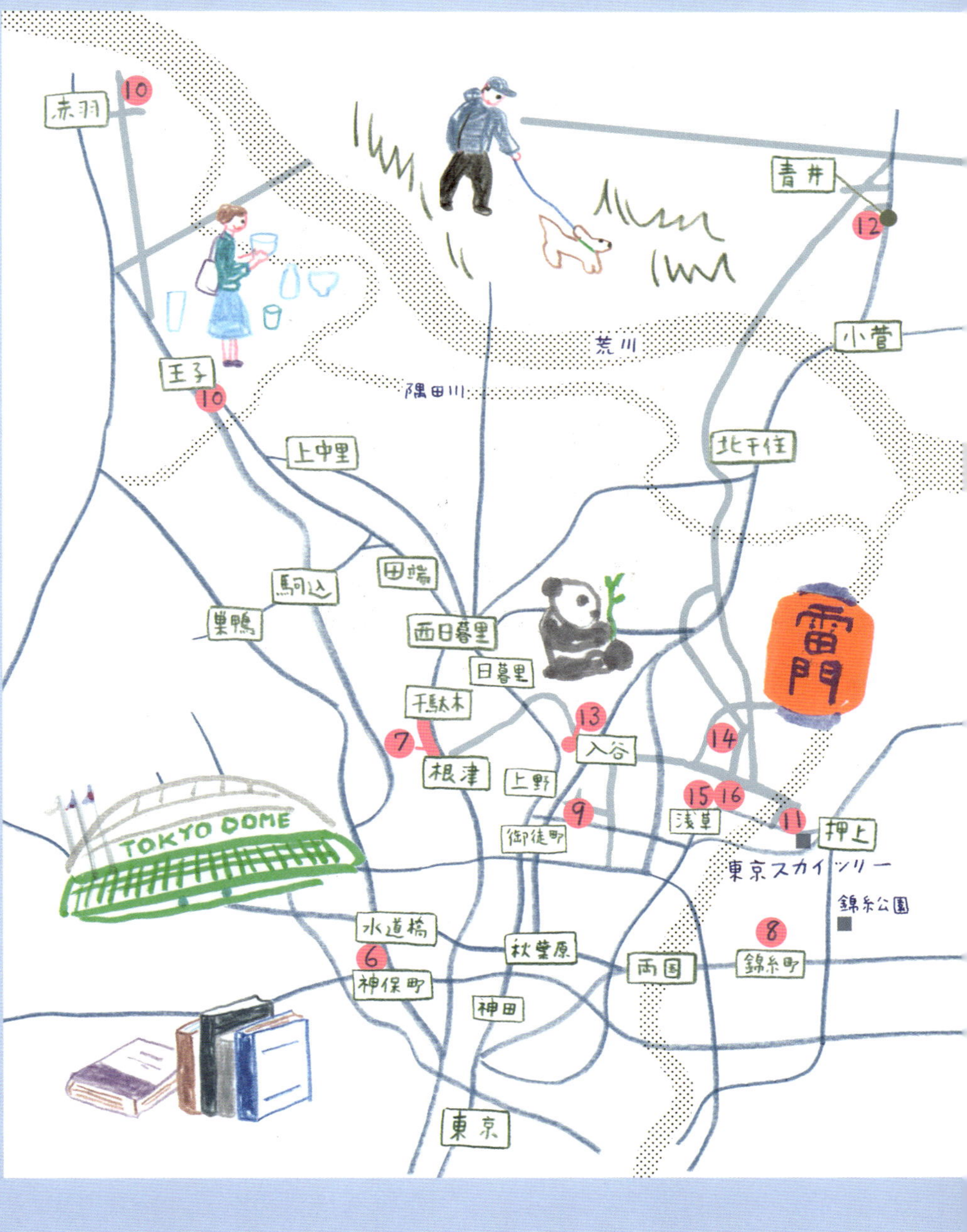

06

１００万冊の本の回廊で〝本愛〟を満たす

神田古本まつり青空古本市

古書

ストリート

10月～11月頃

読みきれていない蔵書が山ほどあっても、「次は会えないかもしれない本」「ほかの人に渡したくない本」を見つけてしまったら知らん顔はできません。そんな「本愛」を満たしてくれるのが、世界最大の古書街と呼ばれる神田神保町界隈で開催される〝青空古本市〟です。靖国通り沿いの古書店と向かい合うように連なる特設店舗が迎えてくれます。その総数１００万冊！現行の出版物では見られなくなった凹凸のある紙面の活版印刷本、箱入りや布張り製本など手の込んだ造作本、手に入りにくい専門書や行きそびれた展覧会の図録など、古書との一期一会には本当にときめきます。

「こんな本を探しているんだけど……」「それならあの店にあるかも」と教えてくれるのも、店同士のつながりがあってこそ。地域の古書店がタッグを組んで、さまざまな企画で盛り上げています。たまたま手にとった古書からどんな世界が広がるか、ぜひ試してみて！

マニアも垂涎の
バックナンバー

各店セレクトの
セット売りあり

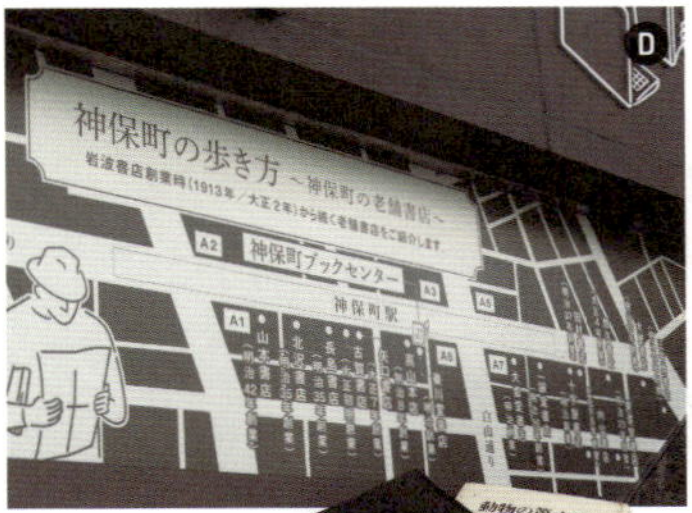

最初に買ったのは
この2冊！

Ⓐじっくりと選びたくなる品ぞろえ　Ⓑ書店と向かい合って本棚がずらり！
Ⓒ外国人客も年々増えているそう　Ⓓ本の楽しさをもっと探究したくなる街

[DATA]

開市場所：
神田神保町古書店街
（神田神保町交差点近辺の靖国通り沿い）

アクセス：
都営地下鉄・東京メトロ神保町駅よりすぐ

開市日時：
毎年10月下旬～11月上旬の約10日間
10時～19時（最終日～18時）

＼ ひとことコラム ／

古書ビギナーも気軽に参加しやすい青空市。さらに詳しい街情報を知りたいときは「本と街の案内所」（神田神保町1-15）を訪れるのがおすすめ。2019年に60回記念を迎える神田古本まつり。100回を迎える頃、本書も市の片隅で見つけてもらえますように。

07

小さな箱の古本屋さんを訪ねて

不忍ブックストリート・一箱古本市

- 古書
- ストリート
- ゴールデンウイーク頃

谷中・根津・千駄木エリア、通称〝谷根千〟をつなぐように走る不忍通り。この界隈の一般書店や古書店、図書館などの本にまつわる場所と、喫茶店や雑貨店、ギャラリーなど散歩で立ち寄りたい場所をつないで「不忍ブックストリートマップ」をつくるなど、賛同する地元店主たちが協力してさまざまな活動を行っています。その代表的なものが、街のいたるところで、ダンボール一箱に入るだけの本で本屋を開く〝一箱古本市〟という定期市です。プロの古書店主から本好きな一般人まで、この日限りの小さな古本屋が地元店舗の軒先で開かれます。公式マップを参考に、オリエンテーリングのように街中を散策しながら訪ね歩くのが何より楽しい！道すがら好みのお店を見つけたり、路地裏で猫と出会ったり。そんな何気ない発見や感動がついてくるのも、街ぐるみでの定期市ならではです。古書にも気軽に親しめる、よいきっかけになりますよ。

Ⓐ見るだけでも楽しい一箱ごとのディスプレイ　Ⓑ趣味嗜好が似た店主とは会話も弾む　Ⓒ協力店の軒先を見た後は店内もチェック

文京区立森鷗外記念館前にも一箱店が大集合

小さな箱の世界観が一つ一つ違うのがおもしろい

公式キャラ・しのばずくんの顔ハメ見っけ！

[DATA]

開市場所：
不忍通りを中心とした谷中・根津・千駄木エリア

アクセス：
東京メトロ千代田線千駄木駅・根津駅、JR日暮里駅

開市日時：
毎年ゴールデンウイーク頃の1日（秋に追加開催の場合もあり）　11時〜16時30分
https://sbs.yanesen.org/

ひとことコラム

全国各地でも開かれるようになってきた"一箱古本市"は、不忍ブックストリートが元祖。文化人ゆかりの地も多く、根津神社をはじめ散策スポットも多数。一箱古本市と併せて、「本と散歩の似合う街」谷根千散歩を楽しんでみては？

08

すみだガラス市

暮らしに寄り添うガラスと触れ合って

クラフト（ガラス）

公園

4月・10月

錦糸町駅から少し歩いたところにある公園で、春と秋に行われている〝すみだガラス市〟は、日本で唯一といわれているガラス器だけを扱う定期市。下町を中心に東京の地場産業として脈々と受け継がれてきたガラスづくりを、携わる職人たち自らがアピールし販売している貴重な機会です。開始早々に足を運んだものの、人気ブースにはすでに人だかりが。特に、お酒好きには憧れの「うすはり」を主に扱う店舗は大にぎわいです。市場価格よりもお買い得になっていることもあって、会計所には最後尾が目視できないほどの長蛇の列！　どうしても手に入れたい人は朝一番の訪問でチャレンジを。

ほかにも、日常使いできる器やグラス、アクセサリーから伝統工芸の江戸切子まで、ありとあらゆるガラス製品が一堂に会します。手触り、口当たり、飾って楽しむ……など、選び方は人それぞれ。日々の生活に当たり前にあるガラスを、もっと愛そうと思える定期市なのでした。

Ⓐあれもこれもワンコイン！　Ⓑガラスナギットの詰め放題に子どもも夢中　Ⓒ伝統の江戸切子の手法を手軽に体験　Ⓓカッティングの妙が美しさを引き出す　Ⓔ老若男女、みなさん器用に体験中

ここでも人気の
わんこモチーフ

前年から気になって
いたガラスペンを
ゲット！

[DATA]

開市場所：
墨田区大横川親水公園長崎橋跡イベント広場
（墨田区亀沢4-18-4）

アクセス：
JR・東京メトロ錦糸町駅より徒歩5〜7分

開市日時：
毎年4月・10月の各2日間 10時〜16時
http://www.tobu-glass.or.jp/menu33.htm

ひとことコラム

私のガラスに対するイメージは、繊細よりも実用的。ガラス市で購入したのは、理科の実験でおなじみのビーカー。耐熱性もあり、配合、調理、サーブまでこなしてくれる、キッチンの頼もしい相棒です。きっちり閉まる蓋つき瓶は、煮出した麦茶の冷蔵庫保存にジャストサイズ！

09

お香漂う寺院で手づくり市
テラデマルシェ

クラフト・フード

神社仏閣

奇数月最終週の土日

寺院とはその昔、檀家はもちろん、地域の人びとが気軽に集まる寄り合いどころでもありました。その精神を復活させようと、2012年9月にスタートした〝テラデマルシェ〟。上野にある宋雲院《そううんいん》を会場にした手づくり系の定期市です。副住職が当時ものづくりをしていたことも開催のきっかけになったそう。ほかの手づくり市などに出店していたアクセサリー作家と一緒に、自分たちらしい定期市を企画し、一緒に盛り上げてくれるような作家に声をかけるなどして立ち上げたそうです。

お香の香り漂う本堂も会場の一つ。畳の上で開催される手づくり市は、なんともゆったりとしていて妙に心地がいいのです。現在はお休み中ですが、個性的なメンバーとともに、2020年から隔月で再開予定。お寺での定期市は、世代を問わず寺院に親しめるきっかけにもなるので、のんびり続けていって欲しいなあ。

Ⓐ由緒ある山門の先に広がる手づくり空間　Ⓑ畳敷きのマルシェは新鮮！　Ⓒ少数民族の手仕事をアレンジした雑貨が素敵　Ⓓ副住職が編み上げたというボトルカバー　Ⓔフードトラックもお寺になじんでる！

その場で点てた抹茶と甘味をご相伴に預かりました

[DATA]

開市場所：
宋雲院（台東区東上野4-1-12）

アクセス：
JR・東京メトロ銀座線上野駅より徒歩5分、
銀座線稲荷町駅より徒歩3分

開市日時：
奇数月最終週の土曜・日曜（2020年～）
10時～16時（真夏は夜市になる場合もあり）
http://terademarche.jimdo.com/

＼ ひとことコラム ／

お寺が丸ごと会場になるので、本堂へは靴を脱いで上がります。脱ぎ履きしやすい靴がベスト。気になる方は、靴を入れる袋を持参してもよいかも。ソファのある休憩所や授乳室も完備。赤ちゃんからお年寄りまで、みんなが楽しめるような配慮もあって、優しさあふれる心地よさです。

10

北マルシェ

北区の楽しさを詰め込んで

フード・雑貨

公園

2ヶ月に1回

2018年5月に、東京都北区で初のアウトドアマルシェ〝北マルシェ〟が始まりました。コンセプトは「北区で出会おう、北区を楽しもう」。北区で活動する飲食店やクリエーターを中心に〝人と人がつながる地域連携マルシェ〟を掲げて新たにスタートしました。赤羽公園と飛鳥山公園のいずれかで開催されます。

「こんなお店があったんだ」「北区で唯一の小さなビール工場だって!」と街にまつわる発見にワクワク。ビールにワイン、母の日やホワイトデーなど、毎回設けられるテーマに沿った出店者や商品が参加しています。ステージでは歌やパフォーマンスもあり、とにかくにぎやか!「いいでしょ? 私たちの街」という地元愛がこの定期市を生み、続けていこうとしているんだなあ。住民はもちろん、北区を知らなかった人や住んでみたい人など、みんなで情報共有していけるマルシェに育っていきそうです。

[DATA]

開市場所:赤羽公園(北区赤羽南1-14-17)、飛鳥山公園(北区王子1-1-3)のいずれか

アクセス:赤羽公園=JR赤羽駅より徒歩5分、飛鳥山公園=JR京浜東北線・東京メトロ南北線王子駅、都電荒川線飛鳥山駅より徒歩5分

開市日時:2ヶ月に1回 土曜・日曜 10時〜17時(終了時刻が変動する場合あり)

http://kita-marche.tokyo/

ひとことコラム

都内で最も駅の数が多い北区は(JRだけで11駅も!)、江戸時代から交通の要所として栄え、伝統工芸の職人も多くいたそう。桜やアジサイの名所の飛鳥山公園、バラや紅葉が美しい旧古河庭園など、季節ごとに散策したいスポットもあり。定期市を機会に街の魅力にもぜひ触れてみて。

11

ものとコトの出会いを橋渡し

すみだ川ものコト市

クラフト・フード
神社・公園
10月頃

「手仕事」という響きにとても憧れていました。不器用な自分は想像することしかできないからこそ、ものづくりをする人たちと交流したいと思うのかもしれません。墨田区界隈は、手仕事をなりわいとする人たちが多く暮らす街。その灯を絶やさず、未来へつなげと応援すべく２０１１年にスタートしたのが「東東京最大のものづくり市」の〝すみだ川ものコト市〟です。

会場となる隅田川沿いの隅田公園と牛嶋神社には、計１３０軒もの店が集結。手づくり作家によるクラフト製品を始め、染色体験のワークショップなど、子どもに伝えていきたい「ものづくりの街・すみだ」らしいコンテンツがそろいます。散策路に沿って作家さんたちがゆったりと店を開くようすは、散歩中に木の実を見つけたような出会い感があります。そして運営サポーターやスタッフがとっても明るい！ 全員でつくり上げる一体感が伝わってくる定期市です。

[DATA]

開市場所： 牛嶋神社、隅田公園（墨田区向島1-4-5）

アクセス： 東京メトロ浅草駅・押上駅、東武線とうきょうスカイツリー駅、都営線本所吾妻橋駅より徒歩3〜10分

開市日時： 毎年10月頃の土曜または日曜 10時〜16時

http://sumida-monokoto.info/

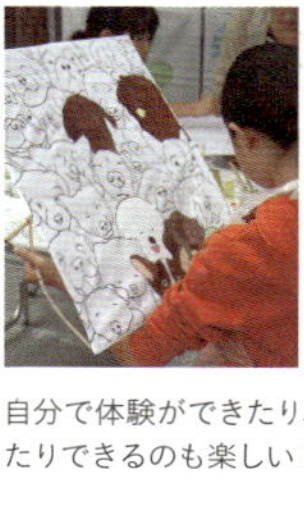

自分で体験ができたり、制作過程を間近で見たりできるのも楽しい！

12

下町商店街の老舗朝市

青井兵和通り商店街朝市

商店街がある街での一人暮らしが憧れだった時期がありました。そこで朝市があったなら最強！日常の中で朝市を楽しめる地元民はうらやましい限りです。商店街の朝市も少なくなってしまいましたが、足立区の〝青井兵和通り商店街朝市〟は、40年以上にわたって愛され続けています。

毎月第4日曜の朝7時前、商店街の周辺には多くの人が集まり、朝市の開始を待っています。「ドドーンドドーン！」大きな花火の音を合図に、みんながお目当てのお店へまっしぐら。初めて訪れたときはその流れについていけず、「しまった出遅れた！」と感じたのを覚えています。お目当てのコッペパンのお店はあっという間に売り切れでしたが、商店街の店が軒先で自慢の商品や限定品を販売するほか、朝市だけ開かれる店も。昭和感あふれる老舗朝市、まだまだ続いて欲しい定期市の一つです。

フード・雑貨

ストリート

毎月第4日曜

[DATA]

開市場所：青井兵和通り商店街（足立区青井4丁目周辺、つくばエクスプレス青井駅北側）

アクセス：つくばエクスプレス青井駅よりすぐ

開市日時：毎月第4日曜 7時〜9時

13

江戸っ子の夏の粋に触れる入谷朝顔まつり（朝顔市）

縁起物（朝顔）
ストリート
7月6〜8日

「入谷の朝顔市が始まりました」というニュースを耳にすると、いよいよ夏が来たなと感じます。日本最大の朝顔市は、毎年7月6・7・8日。戦後に復活し70周年を迎えた、下町の夏の風物詩です。まずは※江戸三大鬼子母神と呼ばれる入谷鬼子母神へ。お参りはもちろんですが、朝顔市のときだけいただける「朝顔のお守り」を授かる長蛇の列で狭い境内があふれかえります。大小あり、この日は髪留めのようなかわいらしい小さな方を。お守りには火打石でパッと火花を散らして、厄除けと縁起担ぎのお清めをしていただけます。「切り火を切るなんざあ、粋だねえ」なんて江戸っ子を気取ったりして。言問通りに60もの店が軒を連ね、「こんなに種類があったとは」と驚くほど、さまざまな色や形の朝顔を鑑賞しながら選べます。地方発送もOK。縁日の露店もずらり。夏祭り気分で夕涼みにもいいですよ。

[DATA]

開市場所：真源寺・入谷鬼子母神（台東区下谷1-12-16）およびその周辺（言問通り）

アクセス：JR山手線鶯谷駅南口、東京メトロ日比谷線入谷駅よりすぐ

開市日時：毎年7月6〜8日 5時〜23時頃

https://www.asagao-maturi.com/

※入谷、中山、雑司が谷の鬼子母神が「江戸三大鬼子母神」とされる

14

浅草で400年続く夏の風物詩
お富士さんの植木市

縁起物（盆栽・鉢植）

ストリート

5月・6月の最終土日

一の富士（5月末）、二の富士（6月末）と粋な名前がついた定期市〝お富士さんの植木市〟。江戸の富士信仰を代表する神社・浅草富士浅間神社を、地元では「お富士さん」と親しみを込めて呼んでいることが由来です。ここの縁日が発祥とされているので、まずは参拝へ。限定御朱印を求めて、早くから行列ができていました。

植木市は「浅草観音うら」と呼ばれる界隈の柳通りを中心に開催。季節の花や果樹などの植木や盆栽、苔や土、植物にまつわるさまざまな露店が並びます。その昔、入梅の時期と重なることもあり、ここで買ったらよく根付くという評判から、植木市の人気は高まっていったそう。今でも、地元はもちろん、遠路やってくる盆栽ファンも多いとか。一の富士と二の富士とでは、花や植物の種類も変化して、季節が進んでいることも実感できます。昼は緑や花の色合いを楽しみ、夜は提灯の明かりでなんとも情緒深い風景に。そぞろ歩きも楽しんでみて。

Ⓐ盆栽だけでなく多肉植物や苔玉もずらり　Ⓑ通りいっぱいに鉢植えが並びます　Ⓒデモンストレーションのお弟子さんは全員外国人！　Ⓓ一の富士で見かけた色鮮やかなアジサイ　Ⓔ植木の名前がかわいくてほっこり

白いガクに赤い花が特徴的な和花「源平木」

苔玉のアレンジもいろいろ見られます

[DATA]

開市場所：
浅草富士浅間神社周辺（台東区浅草5-3-2）

アクセス：
浅草駅より徒歩10分、都営バス浅草4丁目停下車、徒歩2分

開市日時：
毎年5月・6月の最終土曜・日曜 9時～21時頃
https://asakusa-kannonura.jp/uekiichi.html

ひとことコラム

浅草富士浅間神社では、植木市の日限定の御朱印をいただけます。また、蛇形守の「麦藁蛇《むぎわらじゃ》」（水の災難から守る）を、正月3が日以外では植木市の期間中のみ限定頒布。せっかくなので、境内の富士塚にも登頂して、ご利益満タンで植木市へ向かいましょう。

15

四万六千日分の功徳を積みに

四万六千日・ほおずき市

縁起物（ほおずき）
神社仏閣
7月9・10日

毎年7月10日は、浅草寺で年12回ある観音様の功徳日の中でも最大の、四万六千日《しまんろくせんにち》間お参りしたのと同じ功徳が得られる縁日として伝えられています。そのご利益を我先にと、前日から人が集まり始めたことから、7月は9・10日の両日が縁日と決められたそうです。そぞろ歩くだけでなく、必ずお参りをしないともったいないですよ！

〝四万六千日・ほおずき市〟となったのは、ほおずきの実が疫病に効くと信じられ、縁日で売られるようになったことが由来とか。鉢を買う人は、たくさんの露店があるので、まずは一周して売り手の印象や鉢のようすを見て、自分と相性がよさそうなところを見つけましょう。鉢につけられた風鈴は、音色による災難除けの意味。また、この日限定の災難除けのお札やお守りもあります。今後1年、成し遂げたいこと、乗り越えたいことがあれば、気合を入れに、ほおずき市に出かけてみて！

[DATA]

開市場所：浅草寺（台東区浅草2-3-1）
アクセス：東京メトロ銀座線・東武スカイツリーライン・つくばエクスプレス・都営地下鉄浅草線浅草駅より徒歩5分
開市日時：毎年7月9・10日 8時～21時頃
http://www.senso-ji.jp/

ほおずきの朱色と風鈴の音で厄除けを

16

羽子板市

納め観音の歳の市で邪気払い

縁起物（羽子板）
神社仏閣
12月17〜19日

日本には、神仏に縁《ゆかり》のある日（縁日）が発祥となっている定期市も多く、浅草・浅草寺の羽子板市もその一つ。羽子板市は、観音様（観世音菩薩）の「納めの観音ご縁日」である12月18日とその前後の計3日間にわたって開かれます。年の瀬の歳の市、浅草寺界隈は江戸随一のにぎわいだったそう。やがて、歳の市の主役は正月用品などから羽子板に。当初は歌舞伎びいきの愛好品だった押絵羽子板も、女児誕生祝いや新年の多幸を祈る縁起物となりました。邪気を跳ね返す羽根つきは、正月遊びとして理に叶っていたのですね。

　高価な押絵羽子板は買えずとも、「有卦《うけ》干支《えと》羽子板《はごいた》」は忘れずに。羽子板市期間だけの縁起物です。福引券付きで、ガラガラ回して運試し。お納め分と同額の伍百圓券を授かり、境内の露店で小さな羽根購入の足しにさせていただきました。干支や暦、ご縁日など、長い歴史の中で定期市は息づいてきたと改めて感じた年の瀬でした。

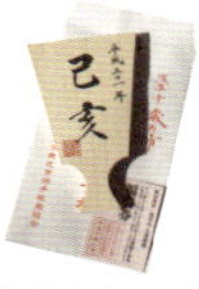

有卦干支羽子板で邪気退散！

[DATA]

開市場所：浅草寺（台東区浅草2-3-1）
アクセス：東京メトロ銀座線・東武スカイツリーライン・つくばエクスプレス・都営地下鉄浅草線浅草駅より徒歩5分
開市日時：毎年12月17〜19日
9時〜21時30分（最終日〜20時30分）
http://www.asakusa-toshinoichi.com/

ひとことコラム

その年まわりが有卦《うけ》（幸運）に入るのを願う「有卦干支羽子板」。"有卦"は幸運が続くことを表します。江戸の頃、有卦の年まわりの人には、福にあやかり、富士や筆など「ふ」のつく絵「有卦絵」を送る風習がありました。その際、羽子板も逆さにして末広がりの富士山に見立てられていたことに由来し、縁起物とされてきたそう。1年間無事に過ごせたら、また羽子板市に訪れて、羽子板供養へと納めます。

COLUMN-1

「イチ」を楽しむ小さなコツ
～三方よしの買い手になろう！～

かつて近江商人は、「売り手よし、買い手よし、世間よし」の「三方よし」が商いの基本だとしていました。私の好きな定期市は、その精神をずっと昔から受け継いできたリアルな現場だと思っています。

私たちが訪問者として「買い手よし」になるためには、売り手や世間に「よし」と思ってもらえる存在であることが大切です。「イチめぐり」の前に、私たちができることをちょっと考えてみましょう。

小さなコツ

01 神社仏閣の定期市ではまずお参りを

長い歴史のある朝市から、地域の人たちが立ち上げた新しい市まで、本書でもいろいろとご紹介していますが、神社仏閣を会場とする定期市は数多くあります。「早く見てまわりたい！」と、はやる気持ちもわかりますが、まずは参拝から始めたいものです。楽しい「イチ」のために場所を提供してくださっている感謝を込めて「こちらの市に伺いました。今日は楽しませていただきます」とご挨拶。清々しい気持ちでイチを楽しみましょう。もしかしたら、いいものとの出会いを後押ししていただけるかも？

小さなコツ

02 コミュニケーションもセットで楽しんで

定期市の醍醐味はなんといっても、店主とのやりとりです。「イチ」のビギナーならなおさら、お店の人にぜひ声をかけてみて！「初めて見る野菜なんですけど、どうやって食べるのがいいですか？」「青系を探しているのですが、似たようなものってありますか？」などなど。不用品を扱うフリーマーケットとは違い、なんでも値切りOKではありません。でも、熱心に話を聞いたりコミュニケーションをとったりしていると、少し多めに入れてくれたり、「1,000円でいいよ」と心意気でサービスしてくれたりすることもあるんです。遠慮は無用、でも敬意をもって、買い物とコミュニケーションをセットで楽しんでください。

小さなコツ

03 会場と足元に相性あり！

砂利、芝、土、砂地、坂道に大階段……会場に向かう道中や、特に屋外の会場では足元の環境もさまざまです。神社では砂利や白砂で黒い靴が真っ白になったり、芝生では革靴が朝露で濡れてしまったり。おしゃれ優先で履き物を決めると、思いのほか汚れたり、うっかり足元を取られたりすることも。当日は晴天でも、前日までの天気によって環境は変わってくるので、初めての会場は主催者のSNSなどで事前確認してみましょう。また、大きなキャリーケースを引きながらはマナー違反。大きな荷物は、コインロッカーに預けてから会場に向かいましょう。

小さなコツ

04 小銭や千円札の準備を

交通系ICカードやスマホ決済など、日常生活でのキャッシュレス化が進み、「普段は小銭を持たない」という人も増えてきました。さて、定期市ではどうでしょう？　高額品もある骨董市や蚤の市では、クレジットカード決済やスマホ決済アプリの導入も増えていますが、全体から見るとまだまだ少数です。昔ながらの農家直売の朝市では100円玉1～2枚で買えるものも多く、やはり現金でのやりとりが欠かせません。出店者側も釣り銭の準備には苦労していますので、「イチに行こう」と決めたら、数日前から意識して100円玉と500円玉をキープしておく、千円札を準備するなどの心配りをしたいですね。ちょっとした心遣いが、スムーズな買い物にもつながるはずです。

東京の市場さんぽ

新宿・池袋エリア

TOKYO
[Shinjuku & Ikebukuro Area]

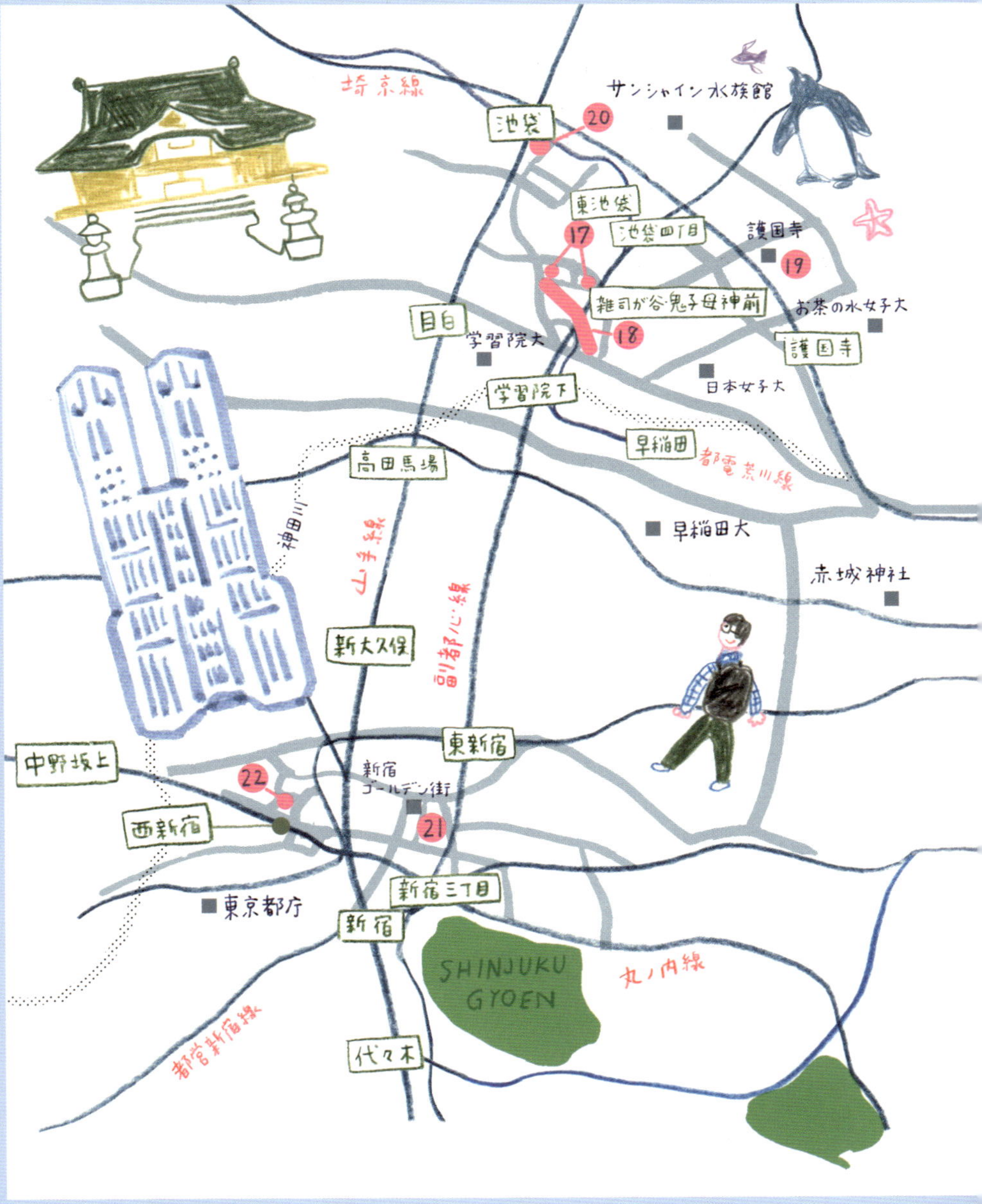

17

東京手づくり定期市の先駆け

手創り市・雑司が谷

クラフト・フード
神社仏閣
毎月第3日曜

東京でクラフト作家の登竜門的存在として注目されてきたのが、雑司が谷の〝手創り市〟です。当初は手探りのスタートだったと思いますが、出店者の参加要項は「神社会場では受付後にまずお参りを」に始まり、許可関係の細かな告知など、定期市の出店に慣れていないビギナーにもありがたい配慮が散りばめられているなと感じたのを覚えています。やがて作り手にとって憧れの舞台になり、一般客の間でも「あそこにはおもしろいものがある」と話題になっていきました。私が開始当初に知り合った作り手たちも、数年経った現在では、さまざまな分野に活躍の場を広げていらっしゃいます。サイトやチラシのセンスあるデザイン、独自の運営スタイルなど、この定期市を参考に「おしゃれな手づくり市」が全国へ普及したのでは？ オリジナルスタイルをつくり上げ、運営し続けている努力には敬服。これからも変わらず〝はじめの一歩の味方〟でいて欲しいです。

[DATA]

開市場所：鬼子母神堂（豊島区雑司が谷3-15-20）、大鳥神社（同3-20-14）

アクセス：東京メトロ副都心線雑司が谷駅、東京さくらトラム（都電荒川線）鬼子母神前駅よりすぐ

開市日時：毎月第3日曜（5月と10月は変動あり。11月の大鳥神社会場は「酉の市」のため休市）9時〜16時

http://www.tezukuriichi.com/

二つの会場を行ったり来たりして楽しんで

18

みちくさ気分で古書探し

みちくさ市

古書
ストリート
数ヶ月に1回

「鬼子母神の商店街をその日だけ古本街に！」地元の鬼子母神通り商店睦会と、早稲田・目白・雑司が谷で本にまつわる仕事をする有志グループ「わめぞ」が企画する〝みちくさ市〟。おもしろい古書が一堂に会する定期市で、年数回ペースながらまもなく50回目を迎えるところです。都電荒川線の鬼子母神駅を挟んで続く商店街の道路沿い、お休みの店舗の軒先やガレージに、プロの書店からジャンルに特化した個人の蔵書まで、毎回多彩なミニ古書店が開店します。その本が旅をしてきたような、時を経ることでしか得られない紙の質感や、思い出と重なる手触りなど、手にすることで感じられる古書の魅力は、デジタルには代え難いものだと思います。道端に敷いた布の上に広げられた本をしゃがみこんで物色するさまは、まさに〝みちくさ〟気分。書籍のプロによるトークや関連イベントもあり、本への興味を再確認できる定期市なのです。

[DATA]

開市場所：雑司が谷・鬼子母神通り（豊島区雑司が谷2丁目・鬼子母神通り周辺）

アクセス：東京メトロ副都心線雑司が谷駅、東京さくらトラム（都電荒川線）鬼子母神前駅よりすぐ

開市日時：2〜3ヶ月ごとの主に第3日曜（年5回程度）11時〜16時

https://kmstreet.exblog.jp/

子どものようにワクワクする古書の露店

19

江戸の面影に思いをはせる骨董市

護国寺骨董市

- 骨董
- 神社仏閣
- 毎月第2土曜

息は切れるけれど嫌いじゃないのが、長い階段の先にある定期市。一段ずつ上りながら「今日は何と出会えるかな?」と、どんどん期待感が高まるからです。文京区の護国寺でも、ちょっと長めの石段上の境内で骨董市が開かれています。

緑が多く、都心の喧騒をひととき忘れられる境内を散策しながら、好みの一品を探すのがなんともいい感じなのです。「自分探しの目利きでお探しください。早い者勝ち」なんて手書き文字には、あれこれ欲しくなる気持ちをグッともっていかれます。境内での行事に参加していたのか、着物姿の女性たちが古いかんざしや根付などの和装小物を眺める姿もなんだか風流。

骨董市を見守るように立つ本堂(観音堂)は、江戸時代の姿のままだそう。震災や戦災を逃れた敬虔あらたかな寺院は、長い時代を受け継がれてきた骨董品や古民具を次につなぐ舞台にぴったりかも。

[DATA]

開市場所:護国寺境内
(文京区大塚5-40-1)

アクセス:東京メトロ有楽町線護国寺駅よりすぐ

開市日時:毎月第2土曜 7時~15時

http://gokokujikottouichi.g1.xrea.com/

20

池袋で心踊るパークマルシェを
池袋 nest marche

クラフト・フード
公園
毎月第３土曜

リノベーションされた南池袋公園とその周辺で展開される、新スタイルの定期市〝池袋ネストマルシェ〟。公園と街のあり方をプロデュースする会社が企画し、「公共空間が街の人びとに日常的に活用され、良い場に育つことを支援したい」という趣旨は、都心の公園が活用しきれていない気がして、なんだかもったいないと思っていた私に「!」を与えてくれました。

池袋駅東口から出てくる人びとを誘い込むように、グリーン大通りの歩道沿いにクラフトショップやキッチンカー、ハンモックなどが並び、マルシェはここから始まっています。そして南池袋公園前の交差点を右折すると、なんと素敵！芝生広場を中央に据えた開放的な公園が広がります。園内にも、地域にゆかりのある作り手を中心に多彩な店が並びます。クラフトに見入り、芝生を眺め、美味を味わう時間は至福この上なしですよ。

[DATA]

開市場所：池袋駅東口グリーン大通り、豊島区立南池袋公園（豊島区南池袋2-21-1周辺）

アクセス：東京メトロ丸ノ内線・有楽町線・副都心線、東武東上線、西武池袋線池袋駅よりすぐ

開市日時：毎月第３土曜 11時〜16時（時間変動あり。10月は拡大イベント「IKEBUKURO LIVING LOOP」を予定）

https://www.facebook.com/nestmarche/

21

花園神社 青空骨董市

新宿で見つけた昔ながらの神社骨董市

骨董

神社仏閣

毎週日曜

新宿3丁目の伊勢丹からほど近い神社で、毎週日曜に骨董市が開かれているのをご存知ですか？今ではビルに挟まれるようにして立っていますが、毎年11月の60酉の市でも有名な花園神社は江戸時代以前から鎮座し、新宿の変遷を見守り続けてきた神社です。

大鳥居があるのは明治通り側ですが、入口にある勇ましい唐獅子像を見たくて、いつも靖国通り側からお邪魔します。そこから境内に続く参道に骨董店が並びます。

こじんまりしていますが、歴史ある定期市なだけあって熱心な骨董ファンが集まり、最近では訪日外国人が新宿観光で立ち寄るスポットにもなっています。品ぞろえは着物や古道具、古銭や仏像などの和骨董が中心。ピンとくるものとの出会いを期待して、ついあちらこちらをのぞき込んでしまいます。時間も「日の出より日の入りまで」と昔ながら。実際にはお店が出そろっている朝8時頃から昼過ぎまでがおすすめですよ。

緻密な仏像は外国人に人気

[DATA]

開市場所：花園神社（新宿区新宿5-17-3）

アクセス：東京メトロ丸ノ内線・副都心線、都営新宿線新宿三丁目駅よりすぐ

開市日時：毎週日曜 6時30分頃～日没（午後2時頃までがピーク。神社の行事や天候による休市あり）

http://www.kottou-ichi.jp/

ボタンなどのパーツや古い文具も気になる

22

ロータス寺市

お寺を介して人とモノが集う市

フード・クラフト・雑貨
神社仏閣
1月・5月・9月

定期市めぐりを始めると、いろんな発見や出会いに満ちていて、いつもワクワクしてしまいます。新宿・新都心歩道橋下交差点近くに〝ロータス寺市〟というのぼりを見つけたときも、まさにそんな気分でした。「こんなところにお寺があったなんて!」

ヒト・モノ・コトがつながる新しいお寺の楽しみ方を提案するNPOロータスプロジェクトが主催する〝ロータス寺市〟。ご縁のある福聚山常圓寺のお堂内で開かれる定期市には、安心安全なもの・永く後世に残したいもの・何かの支援になるものをはじめ、お灸やヨガ体験など心身を整えるためのものが集います。山門周辺にはキッチンカーもスタンバイ。堅苦しさはなく、誰もがふらりと立ち寄って楽しめそうなお寺の市です。

「ロータス」とは、泥水に根を張りながら、水上で美しい花を咲かせる蓮の花のこと。そんな精神と寺市が未来にも受け継がれていきますように。

[DATA]

開市場所:福聚山常圓寺祖師堂(新宿区西新宿7-12-5)

アクセス:東京メトロ丸ノ内線西新宿駅より徒歩3分、大江戸線西新宿駅より徒歩6分、JR・小田急線・京王線・東京メトロ丸の内線新宿駅より徒歩8分

開市日時:毎年1月・5月・9月の年3回 10時30分～16時30分(寺の行事による変更あり)

http://lotus-project.jp/

復活した新宿発祥の江戸野菜の瓶詰め

安心安全は手間をかけてこそ

東京の市場さんぽ

渋谷・六本木エリア

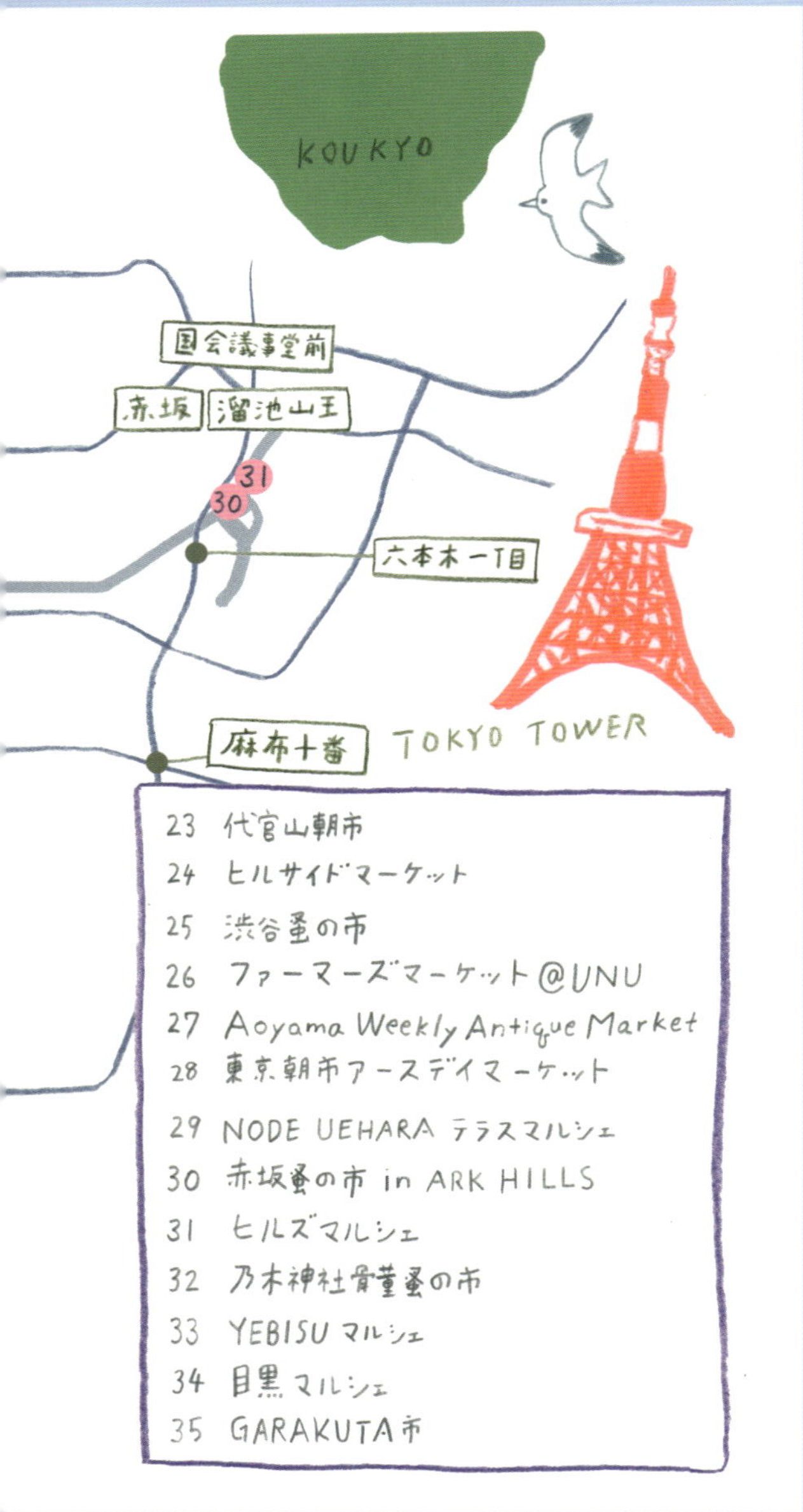
KOUKYO
国会議事堂前
赤坂
溜池山王
31
30
六本木一丁目
麻布十番
TOKYO TOWER
23 代官山朝市
24 ヒルサイドマーケット
25 渋谷蚤の市
26 ファーマーズマーケット@UNU
27 Aoyama Weekly Antique Market
28 東京朝市アースデイマーケット
29 NODE UEHARA テラスマルシェ
30 赤坂蚤の市 in ARK HILLS
31 ヒルズマルシェ
32 乃木神社骨董蚤の市
33 YEBISU マルシェ
34 目黒マルシェ
35 GARAKUTA市

TOKYO
[Shibuya & Roppongi Area]

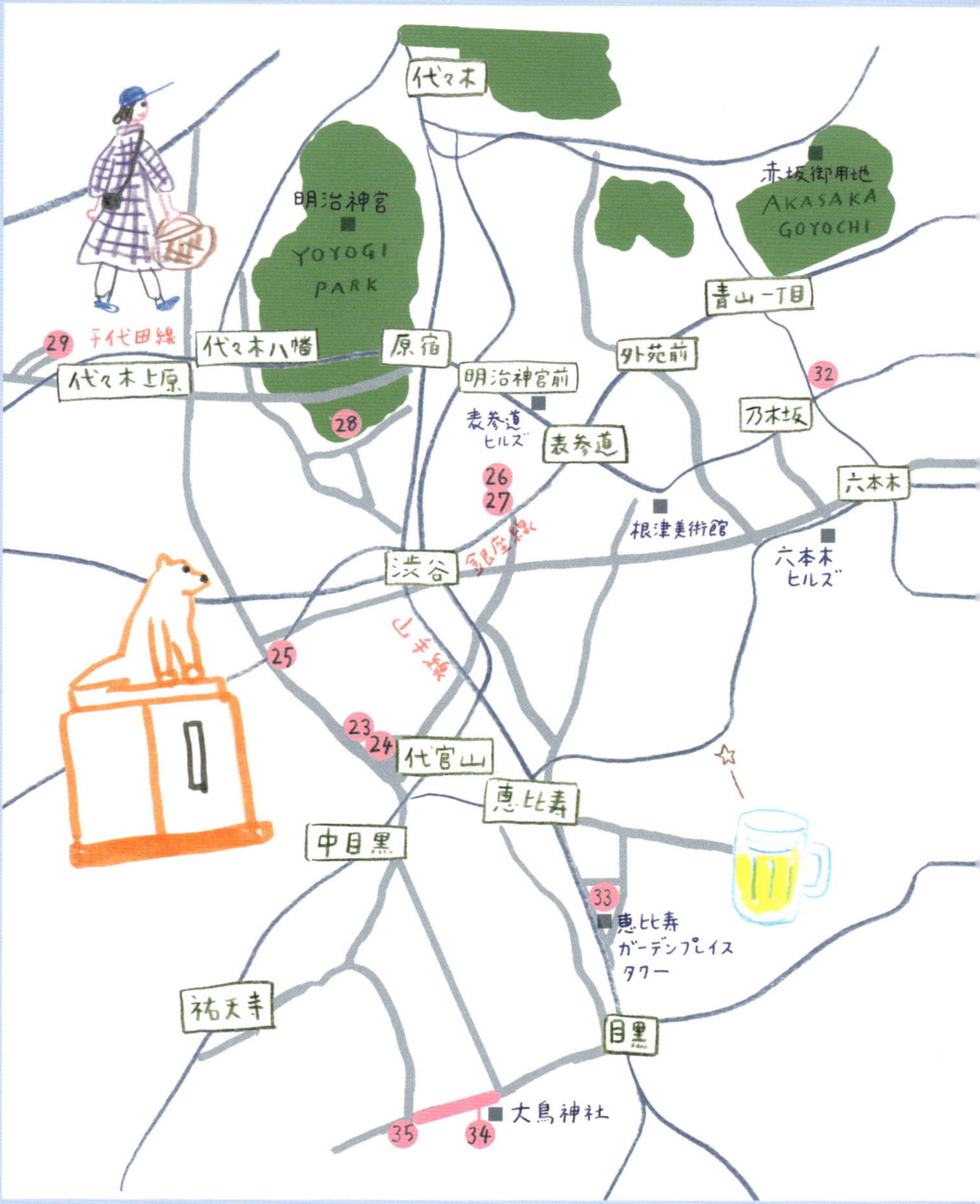

23

代官山 朝市

新鮮さというごちそうを代官山で

フード

施設内広場

毎月第1・第3日曜

日曜の朝7時過ぎ、ここにはすでに多くの人が集まってきています。蔦屋書店でおなじみの「代官山T-SITE」の駐車場で開かれる〝代官山 朝市〟は、通算170回以上も続く人気の朝市です。ご近所はもちろん、車でやって来る方も少なくありません。愛犬との散歩の途中や、朝食用の野菜を買いになど目的はそれぞれ。以前は「朝市なら隣県や郊外まで行かないと」という感じでしたが、都心というのがなんともありがたい。「代官山の週末の朝を変えた」といわれているのも納得です。採れたて野菜や産みたて卵、こだわりスイーツから生花まで、週末の食卓を彩るものはなんでもそろってしまいそう。フレッシュな食材は、食べることで気持ちも明るく前向きにしてくれる気がします。忙しいときほど朝市へ行きたくなるのは、そんな効果を期待するからかも。ポジティブな暮らしをつくる気持ちいい朝、ちょっと早起きをして代官山まで行ってみませんか？

Ⓐ朝の気分に合わせて豆を選んでみよう　Ⓑ季節ごとに移りゆく旬野菜を堪能　Ⓒ煮込むとおいしさ倍増のキャベツ　Ⓓトマトは数品種を選んで食べ比べ　Ⓔやっぱりスーパーよりも楽しい朝市でのお買い物！

見た目も鮮やかな野菜と個性的な農家さん

定期市でいろいろなこだわり卵を買うのが楽しみ！

[DATA]

開市場所：
代官山T-SITE 駐車場（渋谷区猿楽町17-5）

アクセス：
東急東横線代官山駅より徒歩5分

開市日時：
毎月第1・第3日曜　7時〜11時30分
https://www.facebook.com/asaichi.daikanyama/
https://store.tsite.jp/daikanyama/

ひとことコラム

朝早くからオープンしている朝市は、その日の予定を大幅に変えずとも、サクッと行って買い物ができるのもいいのです。週末も忙しくて定期市なんて行けないわ、と思っている方は、ぜひ朝市からトライしてみて！　たまには早起きもいいものですよ！

24

ヒルサイドマーケット

何度も通いたくなるテーマ別の定期市

クラフト・古書・骨董
施設内広場
年6回程度

「ワンクリックで欲しいものが手に入る時代になったからこそ、そこだけの価値観が生まれる市を」というメッセージに頷きながら毎回楽しみにしているのが、代官山のヒルサイドテラスで開かれる〝ヒルサイドマーケット〟です。

ヒルサイドテラスは、ギャラリーやショップオフィスなど数棟からなる低層ビル。木々に囲まれた中庭的なヒルサイドスクエアで一日限りの市が開かれているのです。

年初に1年間の開催予定が発表されるので、手帳を新調したらすぐ書き込むのが私の恒例行事。年間を通じ、笠間と益子の作家を招く春先の陶器の市のほか、食と雑貨の市、古書・骨董の市が交互に計6回ほど開催される予定です。季節ごとに出会えるテーマ別の定期市、おすすめです！

[DATA]

開市場所：代官山ヒルサイドテラス・ヒルサイドスクエア（渋谷区猿楽町18-8）

アクセス：東急東横線代官山駅より徒歩3分

開市日時：年6回程度 第1日曜 11時～17時（催事により変更の場合あり）

http://hillsideterrace.com/

25

渋谷エリアに誕生した温故知新のマーケット

渋谷蚤の市

渋谷駅から10分ほど歩いたビルの谷間で始まった、新たな蚤の市を見つけました。春夏は新緑にも囲まれ、ここが国道246沿いの渋谷エリアだということを忘れてしまいそうな高層オフィスビルの広場が会場です。

古より受け継がれてきた伝統や文化を伝えようと立ち上げられた蚤の市には、和洋の古道具やアンティークアクセサリー、クラフトやフードが集められています。定期市を立ち上げ、続けて行くことは本当に重労働。でも「また来るね！」の声に励まされ、やめられなくなっちゃうことも知っています。

そしてどんなにおしゃれな演出でも、定期市のやりとりにあたたかみは不可欠。ここには、いい空気感がすでに生まれているようです。笑顔を交わしてまた次回！　走り出したばかりの蚤の市ですが、これから通うのが楽しみになりそうです。

- 骨董・雑貨・フード
- 施設内広場
- 毎月第2日曜

[DATA]

開市場所：住友不動産渋谷ガーデンタワー内広場（渋谷区南平台町16-17）

アクセス：京王井の頭線神泉駅より徒歩5分

開市日時：毎月第2日曜 10時～16時（9月は休市）

http://tokyo-romantic.com/

26

自然と社会の接点をつくる
ファーマーズマーケット@UNU

フード・グリーン
施設内広場
毎週土日

すっかり青山の週末の顔となった"ファーマーズマーケット"。毎週土日に開催され、旬の野菜はもちろん、珍しい食や季節の花など、きっと何かに出会えるような安心感と楽しみにあふれています。週末に青山に行くと決まれば、平日は野菜を買い控え、当日に心置きなく買うのがマイスタイルです。生産者の手から直接買えるお店が連なっているので、慌てずにまず一周。色や形を比べてみたり、見たことのない食と出会えたり。野菜だって見た目で買ってみる、いわゆるジャケ買いもありだと思うのです。そして、一番おいしい食べ方を聞いて試してみる。スーパーのように、「あれをつくるからこれを買わなくちゃ」ではなく、「旬の今はこれがおいしいから何がつくれるかな?」と素材からメニューを考える、季節に合った食生活をしたいなと、来るたびに思います。私にとってここは、食の多様性に触れる学びの場。もっとおいしいレパートリーを増やすぞ!

グリーンや果物も各種そろう

[DATA]

開市場所: 国際連合大学前広場（渋谷区神宮前5-53-70）
アクセス: 東京メトロ銀座線・半蔵門線表参道駅より徒歩5分
開市日時: 毎週土曜・日曜10時〜16時
http://farmersmarkets.jp/

ひとことコラム

農や食に関わる取り組みが活発なことも特徴で、生産者を招いた勉強会をはじめ、フードロスをなくすため販売しきれなかった旬の野菜を地域の料理人の方々に活用してもらったり、マイバッグの貸出制度などの新しいプロジェクトも活発化。パンに焼き菓子、コーヒーや日本酒など、たびたび開かれるコラボマーケットも楽しい。食や人を介して、点が線となり、大きな輪になってまた戻ってくるような場づくりが生まれているように思います。

27

毎週通える、時代を超えた宝物探し
Aoyama Weekly Antique Market

骨董
施設内広場
毎週土曜

以前は骨董通りで開かれていたアンティークマーケットが、国連大学前広場に移ってパワーアップ！ 毎週土曜、26ファーマーズマーケットの隣接会場で開かれるようになりました。都心で毎週開かれているアンティーク系のマーケットはここだけなので、買い物や待ち合わせのついでに、という気軽な感覚で寄れるのはありがたい存在です。「ブロカント」と呼ばれる欧州の古いものを中心に、時代を経た逸品をそろえる個性的な店舗が、毎週10店以上は出店しています。その多くが一点もの。だからこそ本来は一期一会だけれど、毎週開催なら「先週悩んだあれ、まだあるかしら？」なんて期待も。もし同じ店が出店していて、目当ての品に再会できたら「これは運命!?」と思ってもいいですよね。土曜に青山へ行くとアンティークマーケットをのぞきたくなるのには、そんな理由もある気がしています。私だけの一品にまた出会えますように。

[DATA]

開市場所：国際連合大学前広場（渋谷区神宮前5-53-70）

アクセス：東京メトロ銀座線・半蔵門線表参道駅より徒歩5分

開市日時：毎週土曜 10時〜16時

http://www.thejmp.com/

ヴィンテージウェアもたくさん！

繊細な装飾品やカトラリーに魅了されて

28

東京朝市アースデイマーケット

喜びの詰まった味に出会える朝市

フード
広場
年数回

都心のファーマーズマーケットの中でも先駆的存在の〝東京朝市アースデイマーケット〟。地産地消やフェアトレード、農薬を使わず雑草と共生しながら育てる自然農法など、今では当たり前に耳にするワードも、ここで最初に体感したように思います。渋谷から原宿に向かう途中、渋谷区役所の近くにあるケヤキ並木まで、愛犬と散歩がてらに伺うのが楽しみで、2006年の開始当初から早起きして通っていました。ここだけで使える地域通貨「アースデイマネー」や、出店農家の畑を手伝いに行くツアーなど、売り買いだけで終わらない「つながり」も大切なコンセプト。形よりも味に感動した自然農野菜、千年以上も続く農家が無農薬で育てた大豆と自家製玄米麹でつくった味噌、自然のまま育った鶏の卵は、体が欲しているおいしさだと心から思いました。ここは自然のままの、喜びの詰まった味を学べる朝市なのです。

“安心安全”がメインテーマ

[DATA]

開市場所：代々木公園ケヤキ並木（渋谷区神南1-5-11）

アクセス：JR・東京メトロ渋谷駅、原宿駅より徒歩10分

開市日時：年数回 10時～16時

http://www.earthdaymarket.com/

ここで知った新顔野菜も多い

ひとことコラム

2018年は夏・秋と相次いで台風に見舞われ、連続しての中止を余儀なくされたアースデイマーケット。それにより今後の開催日程は未定とのことですが、「休止期間を利用してより良いマーケットに」というメッセージが掲載されているので、ぜひ定期開催での再会を楽しみにしています。

29

きちんと伝える、作り手のメッセージ

NODE UEHARA テラスマルシェ

フード・雑貨
軒先
毎月第3土曜

小田急線と東京メトロ千代田線が交差する代々木上原駅。好立地なのに定期市がないのは残念だなと思っていたところ、駅のすぐ目の前、開放的なガラス張りのカフェレストランNODE UEHARAで〝テラスマルシェ〟が始まりました。主にエントランスや軒先で開かれていて、街ゆく人も目を留めています。

「作り手のメッセージをきちんと伝える場をつくりたい」と、自らものづくりに携わる方がプロデュースするからこそのこだわりで、食や暮らしを彩る品々が並びます。ジャーナリストから転身した京都の農家や、本業をもちながら野菜のセレクトショップを営む方、その時々のゲスト出店まで、小さなマルシェながら中身は濃厚。「今回は何が並ぶのかな？」と楽しみになるほど、プロデューサーの目利きによるメンバーはみんな個性的で楽しい！　カフェでのランチと合わせて、ふらりと寄ってみてはいかが？

珍しい味のポップコーン

[DATA]

開市場所：NODE UEHARA（渋谷区西原3-11-8）

アクセス：小田急線・東京メトロ千代田線代々木上原駅より徒歩1分

開市日時：毎月第3土曜（毎週水曜にも軒先で開市予定）11時～16時30分

https://www.facebook.com/TerraceMarche/

関西特産野菜など気になる野菜がいろいろ！

30

カーニバルのようなにぎやか蚤の市

赤坂蚤の市 in ARK HILLS

骨董・雑貨・フード
施設内広場
毎月第4日曜

アーチ型の高い屋根が印象的な、アークヒルズのカラヤン広場。ここで蚤の市があると知って初めて伺ったときの印象は「カーニバルみたい!」。軽快な音楽が鳴り渡る広い空間はガラス天井に覆われていて、屋外なのだけど、開放感のあるサンルームのような不思議な感じ。アンティーク、ヴィンテージファッション、クラフト、フードと、一日楽しめるラインアップがずらり。いつも「今日は見るだけ」なんて心に誓ってから会場入りするものの、そんな些細な誓いが守られたことはほとんどありません。レトロな雑貨、精密な植物画、飾っておくだけでかわいい洋書、古木の額縁……ここでひとめ惚れしたものはいくつもあり、今も大切にしています。アンティークの知識も少なく、商品の時代背景もさほどわかっていない私でさえ、このカーニバルのような雰囲気は「そんなかっこつけなくてもいいよ、さあ楽しんで!」といってくれているようで。だから好きなのです。

Ⓐかの時代に思いをはせながら骨董探し　Ⓑ思わぬ組み合わせを楽しんで
Ⓒとにかく種類豊富で迷うアクセサリー選び　Ⓓ年代や国籍も幅広い客層
Ⓔ色合わせの勉強にもなるおしゃれなディスプレイ

つい見入ってしまう
動物モチーフ

小さなキーはアク
セサリーパーツに

個性的なフードトラックも出店

[DATA]

開市場所：
アークヒルズ・アークカラヤン広場
（港区赤坂1-12-32）

アクセス：
東京メトロ南北線六本木一丁目駅、銀座線溜池山王駅より徒歩1分

開市日時：
毎月第4日曜（12月のみ第2日曜）11時～17時
https://www.facebook.com/AKASAKA.NOMINOICHI/

ひとことコラム

実は、乃木坂からぷらぷらと歩いてたどり着ける距離感なので、同じく第4日曜開催の32乃木神社の骨董蚤の市とセットで伺うことが多いのです。和洋の骨董のはしごの後、軽くブランチするのにもちょうどいい感じです。

31

旬の野菜と季節のイベントを楽しもう
ヒルズマルシェ

フード・雑貨・グリーン
施設内広場
毎週土曜

2009年にスタートし、野菜を中心とした都心の定期市ではすでに老舗感のある〝ヒルズマルシェ〟。「何か買わなくちゃ」よりも「何に出会えるかな？」と気楽にのぞいてみるのがいい感じで、よく立ち寄ります。

季節野菜をはじめ、農家の手づくり加工品、スイーツ、キッチンカーなどの食がメインのマルシェですが、実は雑貨屋さんも多数出店しています。アークヒルズを囲む坂道には桜並木、また春と秋には通常非公開のガーデンが無料開放されるなど、自然を楽しめる場所も点在しています。秋恒例のMusic Week、冬はイルミネーションに彩られた並木道も素敵。季節ごとの風景やイベントを、旬野菜のお買い物と併せて楽しめるのも、都心のマルシェならでは。30赤坂蚤の市と併催のときもあるので、お見逃しなく。開催時間は14時までと短めなので、朝市気分でお早めに！

[DATA]

開市場所：アークヒルズ・アークカラヤン広場（港区赤坂1-12-32）

アクセス：東京メトロ南北線六本木一丁目駅、銀座線溜池山王駅より徒歩1分

開市日時：毎週土曜10時〜14時（施設イベントに合わせた追加開市もあり）

https://www.facebook.com/hillsmarche/

生鮮品から雑貨までいろいろ楽しめる

32

都内最古の骨董定期市

乃木神社 骨董蚤の市

骨董
神社仏閣
毎月第4日曜

東京メトロ千代田線・乃木坂駅からすぐの乃木神社。石の鳥居をくぐると、境内に向かう石段に骨董店が並んでいます。10～20店と小規模ですが、実は東京で最古の骨董市だそうです。神社の閑静かつ厳かな雰囲気は、まるで古き良き時代の品々を引き立たせる舞台装飾のようにも感じられます。まずは参道を奥まで進んで参拝を。緑が多く、暑い時期でもひとときの清涼を得られます。和の食器や古道具、着物がメインというイメージや、赤坂・六本木にも近い場所柄もあり、外国人客が増えていて、大きな体を丸めて小皿を選ぶ姿がほほえましいです。

サントリー美術館、森美術館、新国立美術館など美術館も多いエリアなので、古の魅力と風雅にまつわる一日にするのも素敵です。また同第4日曜は、アークヒルズでも[30]赤坂蚤の市が開かれているので、ぜひ一緒に楽しんでみてください。

[DATA]

開市場所：乃木神社（港区赤坂8-11-27）
アクセス：東京メトロ千代田線乃木坂駅より徒歩1分
開市日時：毎月第4日曜 9時頃～日没
http://www.nogikotto.com/

ここでも根強い人気の印判小皿

小規模ながら陶器や古着、家具も見られる

33

つくる人と食べる人をつなぐ YEBISUマルシェ

フード・雑貨・グリーン

施設内広場

毎週日曜

恵比寿ガーデンプレイスで開かれているのは、農産物中心の〝YEBISUマルシェ〟。

会場は、レストラン ジョエル・ロブション前のシャトー広場（イベント開催などによってほかの広場に移動する場合もあります）。華やかな赤いテントの下でお買い物をしていると、「ヨーロッパのマルシェってこんな感じ?」なんて想像してしまう雰囲気が漂います。農家が直売する手間暇かけた農作物を中心に、果物、花、海外の珍しい加工品など、品ぞろえも幅広く、常時30〜40店が出店しています。

こちらのマルシェでは、出店時の審査で栽培や加工の方法について厳格に確認。トレーサビリティーの提供や、販売時には無農薬やオーガニックなどの表記を安易に使用せぬよう義務付けているというから、買う側はさらに安心です。新鮮さはもちろん、栽培方法などプラスαの情報にも気にして買い物をするきっかけになりそうです。

[DATA]

開市場所：恵比寿ガーデンプレイス（渋谷区恵比寿4-20）

アクセス：JR恵比寿駅東口より徒歩5分

開市日時：毎週日曜 11時〜17時（12月のみ〜18時。荒天や催事による休市あり）

https://www.nkbmarche.jp/yebisu-marche/

https://www.facebook.com/YEBISUMarche/

ひとことコラム

マルシェを満喫した後は、「エビスビール記念館」のテイスティングサロン（有料）で乾杯！ が、私のルーティンです。試飲付きのガイドツアー（有料）もありますよ。エビスビール発祥の地ですからね、ビール好きの人はマルシェの帰りに寄ってみては？

34

インテリア通りが丸ごとマルシェ会場に

目黒マルシェ

家具・雑貨・フード
ストリート
春・秋

ネット販売が隆盛に至る前、家具探しといえば目黒通り沿いの通称インテリアストリートめぐりが定番でした。もちろん、今も変わらず素敵なインテリアショップが軒を連ねていますが、もしこのエリアをよく知らないとしたら、2017年春にスタートした〝目黒マルシェ〟はいい機会になるはずです。目黒駅から権之助坂を下って山手通りとの交差点へ。大鳥神社交差点から目黒通り沿いの約1.2kmに点在する家具や雑貨、飲食店の軒先がマルシェ会場なので、気負うことなくチェックして回れます。街歩きをしながらのマルシェは本当に楽しい！　地域の子どもがスタッフTシャツを来てお手伝いする企画や、元競馬場の地名にあやかった馬サブレーの限定販売、マルシェ特価商品など、この日だけのメニューもめじろ押し。ウインドウショッピングでは入りづらいと思っていた人も、自分に合うインテリア探しのきっかけに目黒通りを歩いてみては？

[DATA]

開市場所：目黒通り大鳥神社交差点〜目黒四中交差点付近の歩道（各参加店の軒先）

アクセス：JR目黒駅から徒歩12分（大鳥神社交差点まで）

開市日時：春・秋を中心に年2回 11時〜18時

https://www.instagram.com/meguromarche/

歩道沿いに並ぶ品々に出会いを求めて

35

愛すべきガラクタの集まるインテリア市

GARAKUTA市 ~Meguro Interior Market

家具・骨董・フード

広場

春・秋

古い物好きの人にはおなじみのフランス語「ブロカント」は、単なる古道具ではなく「愛すべきガラクタ」という愛おしさを含んだ意味もあるそうです。目黒通りのパーキングスペースで開かれるインテリア好きのための定期市〝GARAKUTA市〟は、それに通じるネーミング！「誰かにとってはガラクタでも、あなたにとっては宝物かも」なんてメッセージが刺さります。インテリアストリートに活気を取り戻すきっかけになればと地元のインテリアショップコミュニティが発案し、賛同した地域のインテリア、フード、フラワー＆グリーン、アパレルの各店が集まりました。「お店の裏側見せます」とバックヤードでメンテナンスを待っていた家具や雑貨もあえてそのまま放出したり、子どもたちのワークショップや、かっこいいライブを開催したりと内容は盛りだくさん。買い物はもちろんですが、良質な時間を共有できる感じが何より気に入りました。次回も楽しみ！

Ⓐ暮らしを彩るセンスのいい品々　Ⓑインテリアの相談をしながらもの選び　Ⓒ早い者勝ちの宝探し感覚が楽しい！　Ⓓバックヤードから掘り出された家具類　Ⓔおいしいものもいっぱい！ のんびり過ごせる

D.I.Y.の材料探しにもGOOD

会場一体で盛り上がるライブ！

[DATA]

開市場所：目黒通り・油面交差点付近の駐車場スペース（目黒区下目黒5丁目19-13 JPパーキング）

アクセス：JR目黒駅より徒歩20分（油面交差点まで）、目黒・渋谷・三軒茶屋・二子玉川駅などから東急バスで元競馬場前または目黒消防署停下車、徒歩3分

開市日時：春・秋の年2回 11時～17時（会場などの都合により休市・変更の場合あり）

http://misc.co.jp/garakutaichi/

ひとことコラム

オリジナルアイデアも楽しいGARAKUTA市。会場の真ん中に配置された大きなアンティークテーブルやおしゃれなデザインの椅子は、各参加店が持ち寄ったもので、自由に使って飲食もOK。そして気に入れば購入できるのです。2018年秋の第2回には、参加店に持参すると、最大10%割引特典付きの限定トートバックを販売（年内有効）。その場限りではなく、参加店へ誘導する企画も興味深いです。

私の イチめぐり七つ道具

長年「イチめぐり」をする中で、気づけばいつも携帯しているものがありました。どれか一つを忘れてしまうと、ちょっと不安になることも。そのくらい、私にとって頼もしい相棒になっています。あなたなら、どんなものをお供に選びますか？

01 斜めがけバッグ

両手が空く、それが一番の利点です。リュックは出し入れのたびに下ろすのが面倒、そこで斜めがけに落ち着きました。私は水筒の定位置ポケットがある帆布バッグ「すいトート」を愛用。イチめぐりでは自分でもびっくりするほど歩きまわるので水分補給は大事！　カゴバッグのときも、お財布はサコッシュに入れて斜めがけに（混雑時には電車内のマナー同様、手前にして持つ！）。

02 小銭入れと100円玉

こまめにお金をやりとりする農産物の朝市や小さな軒先市では、100円玉が大活躍。また、イチめぐりでは横長財布の開け閉めが面倒になり、がま口財布が定番になりました。小には100円玉のみ、大には半折の千円札とほかの小銭を入れて。1円玉はほぼ出番がないので持参しません。神社でのお参りでも使いますよね。小銭は必須！

03 エコバッグ

買い物のたびにもらった袋をいくつも手にして歩くのは不便だし、何よりごみが増える一方です。購入品を持参したエコバッグに入れて持ち帰ることは、小さな店を歩きまわるイチめぐりでも実践したいものです。小さく畳んで収まるものなら軽くて便利。厚手のビニール袋があると、水気のあるものを買っても安心です。乾かして再利用しています。

04 大判キッチンクロス

芝生やベンチで休憩するときに、蚤の市で買ったキッチンクロスが大活躍。厚手で汚れや水気から守ってくれ、どこでも気兼ねなく腰を下ろせます。もちろん、ハンカチやタオルの代わりとしてや、買ったものを包む風呂敷代わり、カゴの上にふわりとかければ目隠しにもなります。その万能っぷりに、「持っていてよかった」と思うものの一つです。

05 アルコールスプレー＆ガーゼハンカチ

骨董市や蚤の市では、ちゃんと手で触って感触を確かめたいのと、売る側への敬意もあって、汚れていそうだからと軍手をはめたりはしません。ガーゼのハンカチは速乾なので、水があれば湿らせて手を拭き、詰め替えたアルコールスプレーでシュッとひと吹きすればいつでも清潔に。食べ物にかかっても安心な天然素材なので、骨董市で買った食器にも使えます。

06 A4判クリアファイル

イチへ行くと、次回のお知らせやほかのイチの開催を知らせるフライヤー・DMをいただけることがあります。それを折らずにきれいな状態で持ち帰りたいので、A4判のクリアファイルを持ち歩くようになりました。なかでも、展覧会のミュージアムショップなどで買う、半面にデザインが施されたものは持っていても楽しいですね。

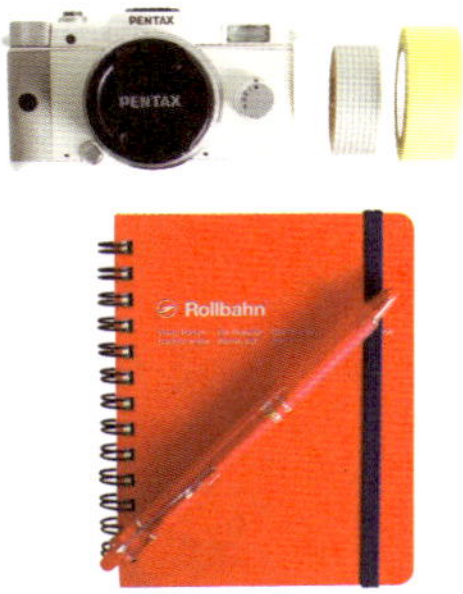

07 記録道具

大好きなイチの風景を切り取るようにカメラに収めていたところ、今回の本でお披露目することが叶いました。そして、現地で気づいたことはすかさずメモ。スマホじゃなくて紙がいいのは、後でパラパラとめくって余韻にひたれるから。マスキングテープは、値段や店の名前を書いてペタッと貼ってメモ代わりに。紙ものをまとめるのにも便利です。

東京の市場さんぽ

世田谷エリア

TOKYO
[Setagaya Area]

36

早朝の活気を楽しむお寺の朝市

世田谷観音朝市

フード
神社仏閣
毎月第２土曜

「せたがや百景」にも選ばれた、緑豊かな世田谷山観音寺、通称・世田谷観音。ここで毎月第２土曜に開かれる〝世田谷観音朝市〟は、都心では少なくなった、昔ながらの風情を感じられる朝市です。２００７年、「近所の方が気軽に集ってくだされば」と住職の発案で始められました。

朝６時前から大勢のお客さんが集まり、商品が並べ終わらないうちからにぎわいます。近県の農家直販の旬野菜をはじめ、お漬物や干物、乾物に手づくり惣菜と、どこか懐かしい雰囲気の品ぞろえです。「野菜はここでしか買わないくらいよ」というご近所のご婦人は、慣れたようすで大きな大根を２本抱えてお会計へ。近年は、コーヒーや焼き菓子などで若い出店者が参加することもあり、地元のお店との連携も感じられます。何より出店者とお客さんの距離感が近く、そのやりとりだけでも元気が出る！　こんなに活気ある朝６時の東京は、なかなかお目にかかれないかも。早起きしてぜひ。

Ⓐ手塩にかけた野菜類は常連の出店　Ⓑあちらこちらで試食をすすめられて楽しい　Ⓒ旧小田原藩代官屋敷を移築した本坊も会場になります　Ⓓ移動パン屋さんがやってくることも

行列ができるほど
人気のおはぎ

丸干しの炭焼き
の試食提供も

朝早く、近県からの出店者も多い

[DATA]

開市場所：
世田谷山観音寺（世田谷観音）境内
（世田谷区下馬4-9-4）

アクセス：
東急田園都市線・世田谷線三軒茶屋駅より徒歩15分

開市日時：
毎月第2土曜 6時〜8時30分
http://www.setagayakannon.com/

ひとことコラム

まず「楽しませていただきます」とお参りをしてから楽しむのが、寺社の定期市でのマイルール。世田谷山観音寺には、悪いこと（二度と経験したくないこと、思い出したくないことなど）を良い夢に変えてくれる夢違観音様《ゆめちがいかんのんさま》や国重要文化財の不動明王も鎮座していますので、まずは朝のご挨拶をしてから朝市を楽しみましょう。

37

三茶でおいしく楽しくマーケット
SUNDAY MARKET

フード・クラフト

軒先

3ヶ月に1回

三軒茶屋・太子堂の雑貨店ｋｌａｌａが〝SUNDAY《サンデー》 MARKET《マーケット》〟を始めたのは２００９年12月。ネット販売を経て実店舗をオープンする直前、「お店の紹介とご近所への挨拶も兼ねて、開店前にマーケットみたいなのをやってみたら？」という大家さんからの提案がきっかけだったそうです。お付き合いのある菓子や花のお店に声をかけ、大きなシンボルツリーがあるウッドデッキで市開き。おしゃれな軒先の日曜市は口コミで広まり、いつもたくさんの人でにぎわう定期市へと育っていきました。その後、同じ通りに焙煎所を構えたコーヒー店Ｏｂｓｃｕｒａから一緒にやりたいと声をかけられ、太子堂エリアを盛り上げるべく共催に。それぞれの人脈から出店を声がけ、人気店の参加で長蛇の列ができることがあっても、なんだかのんびりとしたムードが漂うのは、店主の人柄とみんなで楽しむようすが伝わるからかも。きっとすぐにまた３ヶ月後が待ち遠しくなるんだろうなあ。

Ⓐお菓子やお花のかわいらしい品が並ぶ　Ⓑ「三茶にあの店の味が！」と行列ができることも　Ⓒklala軒先は定期市に理想的な形状　Ⓓ毎回どんなゲストが来るのか楽しみ

安心安全な素材のドリンクや野菜も

Obscuraのコーヒースタンド

[DATA]

開市場所：
klala（世田谷区太子堂5-13-1）
Obscura焙煎所（同5-15-13）

アクセス：
東急田園都市線・世田谷線三軒茶屋駅より徒歩6分

開市日時：
3ヶ月に1回 日曜 13時〜17時（茶沢通りの歩行者天国と同時刻）
https://www.facebook.com/3tea.sundaymarket/

ひとことコラム

SNSがない時代から始まっていた定期市では、フライヤーをつくって告知するのが一般的でした。SUNDAY MARKETのフライヤーはとてもおしゃれなデザインで、これを見るだけでワクワク感が高まって、いつも楽しみにしていたのです。主催者の提案する楽しい仕掛けや予告編に出会うと、定期市の楽しさは訪れる前から始まっているのだと実感します。

38

世田谷ボロ市

441年を超える年末年始の風物詩

骨董・雑貨・フード
ストリート
1月・12月の15・16日

世田谷区の世田谷通り沿いは、近年、若い店主が頑張る飲食店が増え、「世田谷ミッドタウン」と呼ばれるちょっと話題のエリアです。そのさらに真ん中あたり、世田谷代官屋敷前の通称ボロ市通りを中心に、毎年1月と12月に開かれる世田谷ボロ市は、楽市（昔の自由市場）が発祥なだけあって、骨董に日用品や食料品まで品ぞろえの幅広いこと。「これ何に使うの?」というジャンクな古道具もあれば、高級骨董が潜んでいることも。まるで街丸ごとが蚤の市、裏道も忘れずに探索しましょう。小さな骨董店が軒を連ねる路地や、代官餅売り場の脇にある花卉類が集まったエリアも要チェック。裏通りの限定蚤の市や一般家庭の軒先ガレージセールに遭遇することもあって、宝探しはどこまでも続きそうです。

混雑必至なのでボロ市めぐりは朝一番がおすすめですが、万全の冷え対策と歩きやすい靴は忘れずに。ぜひ思う存分歩きまわってみてください。

A 奥行きをもたせたディスプレイに驚き　B 小皿は数店で見比べてから検討しても　C 古い帯や着物の出店もたくさん！　D お母さんが育てた立派な柑橘類　E 昔のメンコもイマドキ女子に受けるそう

犬柄のクッションカバーを発見！

お宝発掘!? かもしれませんよ

[DATA]

開市場所：
ボロ市通りとその周辺
（世田谷区世田谷1丁目周辺）

アクセス：
世田谷線世田谷駅・上町駅より徒歩3分

開市日時：
毎年1月15・16日と12月15・16日 9時～20時

ひとことコラム

ボロ市名物「代官餅」（あんやきな粉をまぶした、つきたての柔らかいお餅）はいつも長蛇の列！ 並ぶ時間がもったいないと断念するときは「ボロ市まんじゅう」を買います。2色あん入りがおすすめ。自宅では蒸篭でさっと蒸してからいただきます。しかしこれも売り切れ御免、見つけたらぜひお早めに。

39

日常をもっと楽しくする駅前市
二子玉川ストリートマーケットふたこ座

フード・クラフト
施設内広場
ほぼ毎月1回

東急田園都市線・二子玉川駅の新たなシンボルとして、2005年にオープンした大型商業施設の二子玉川ライズ。その敷地内で、イチめぐり初心者やお子さま連れにも立ち寄りやすい定期市を見つけました。産地直送の農産物やこだわりの加工品、アパレル、ハンドメイドアクセサリーまで、作り手のこだわりが見えるショップを厳選した〝二子玉川ストリートマーケットふたこ座〟は、ほぼ毎月開催。多いときには50〜60店舗が出店するそうです。また、平日に開催されることもあるので、「土日は仕事でなかなか行けない！」という方にも朗報です。メイン会場のリボンストリートはオープンエアーの歩行者専用通路で、開放感もセットで楽しめるところが気に入っています。そのまま二子玉川公園、多摩川河川敷へと足を延ばすこともできる、日常の延長にあるようなストリートマーケット、お散歩気分で楽しんでみて。

[DATA]

開市場所：二子玉川ライズリボンストリートまたはガレリア（世田谷区玉川2-21-1）（施設の都合により場所の変更あり）

アクセス：東急田園都市線二子玉川駅よりすぐ

開市日時：ほぼ毎月1回 11時〜18時（施設のイベントなどに準じて変更・休市あり）

https://www.facebook.com/futakoza/

ニコタマになじみ始めた定期市

40

昔ながらの門前朝市

池上本門寺朝市

フード
神社仏閣
年8回

池上駅からゆるりと門前町を歩きながら、目指すのは日蓮宗の大本山である古刹・池上本門寺。真夏と真冬以外の毎月第3日曜、山門付近で小さな朝市が開かれています。まずはいつものように参拝へ向かいます。朝市をちらりと横目で見ながら、九十六段の石積参道・此《し》経《きょう》難《なん》持《じ》坂《ざか》へ。石段の築造が加藤清正公であることや、幸田露伴や力道山がこの地で眠っていることも初訪問時に知りました。定期市をきっかけに訪れた地で知見が広がることは、ちょっとした楽しみにもなっています。

参拝後、石段の上から朝市の全景を眺めるのが好きです。野菜や花卉、物産テントが並ぶ、長年変わらない穏やかな雰囲気。木々に囲まれた朝市の風景に心がホッとします。定例の参拝をこの日に合わせる人もいるそう。帰りには、参道の土産屋に寄ったり、甘味処で名物の久寿餅をいただいたり。年に8回、清々しい日曜をお寺の朝市から始めてみては?

[DATA]

開市場所：池上本門寺総門石段下（大田区池上1-1-1）

アクセス：東急池上線池上駅より徒歩10分、都営浅草線西馬込駅南口より徒歩12分

開市日時：年8回 第3日曜（冬季1月・2月と夏季7月・8月は休み）7時〜11時

https://www.facebook.com/ikegami.honmonji.asaichi/

野菜や地方物産品など、食が中心の朝市

41

SLOW MARCHÉ

オーガニックな暮らしを学べるマルシェ

フード・クラフト

施設内

毎月第1日曜

自由が丘のお隣、緑が丘の住宅街にある貸しスタジオで、毎月第1日曜に開かれる〝スローマルシェ〟には、産地直送の農産物や飲食・クラフト・アパレル・雑貨と、すべてオーガニックや再生を意識した商品やサービスが用意されています。どんなものに囲まれて暮らしたいかという考え方を共有する仲間たちで「ゆっくり小さく持続的に、心から良いと思えるものを日常生活に」をカジュアルに提案しています。ここなら難しく考えずに試してみることができそうです。また、屋内開催のため、天候に左右されないのは出店者・来場者ともにうれしいポイント。買ったり食べたりするだけではなく、集うことも目的の一つなので、お子さまも大歓迎！　かわいらしいキッズスペースでゴロゴロできちゃいます。

安心安全を当たり前のように届けるのはとても大変なこと。作り手たちの頑張りを応援する意味でも、こうした定期市は大切な機会だと思っています。

Ⓐオーガニックや再生を意識したコンセプトに共感した作り手たち　Ⓑ信頼する農家の作物だけを集めて販売　Ⓒパンや惣菜類も天然素材を吟味　Ⓓ自然の染料は色合いも穏やかな印象

折鶴の形の小さなピアス

作家が直販するクラフトも参加

オーガニックやリメイクがテーマ！

[DATA]

開市場所：
Studio Slow 自由が丘
（目黒区緑が丘1-14-7 1F）

アクセス：
東急大井町線緑が丘駅より徒歩5分、東急東横線・大井町線自由が丘駅より徒歩20分

開市日時：
毎月第1日曜 11時～18時
https://www.slow.gifts/

ひとことコラム

普段は雑誌の撮影などに使われるスタジオが会場なだけあって、シャビーシックなインテリアにも要注目。撮影備品でもあるブロカントのテーブルや小物も、マルシェでは什器や装飾に使用されているので、インテリア好きな方もぜひ。一般の方はなかなか足を踏み入れる機会がないスタジオの見学気分で、業界関係者はロケハン（下見）を兼ねて訪れるのもいいかも!?

東京の市場さんぽ

中央線エリア

42 新井薬師骨董市
43 座の市
44 オトノハ朝市
45 西荻昼市
46 こけし屋グルメの朝市
47 井のいち
48 吉祥寺ハーモニカ横丁朝市
49 はけのおいしい朝市
50 ニチニチ日曜市
51 Kunitachi ゆる市

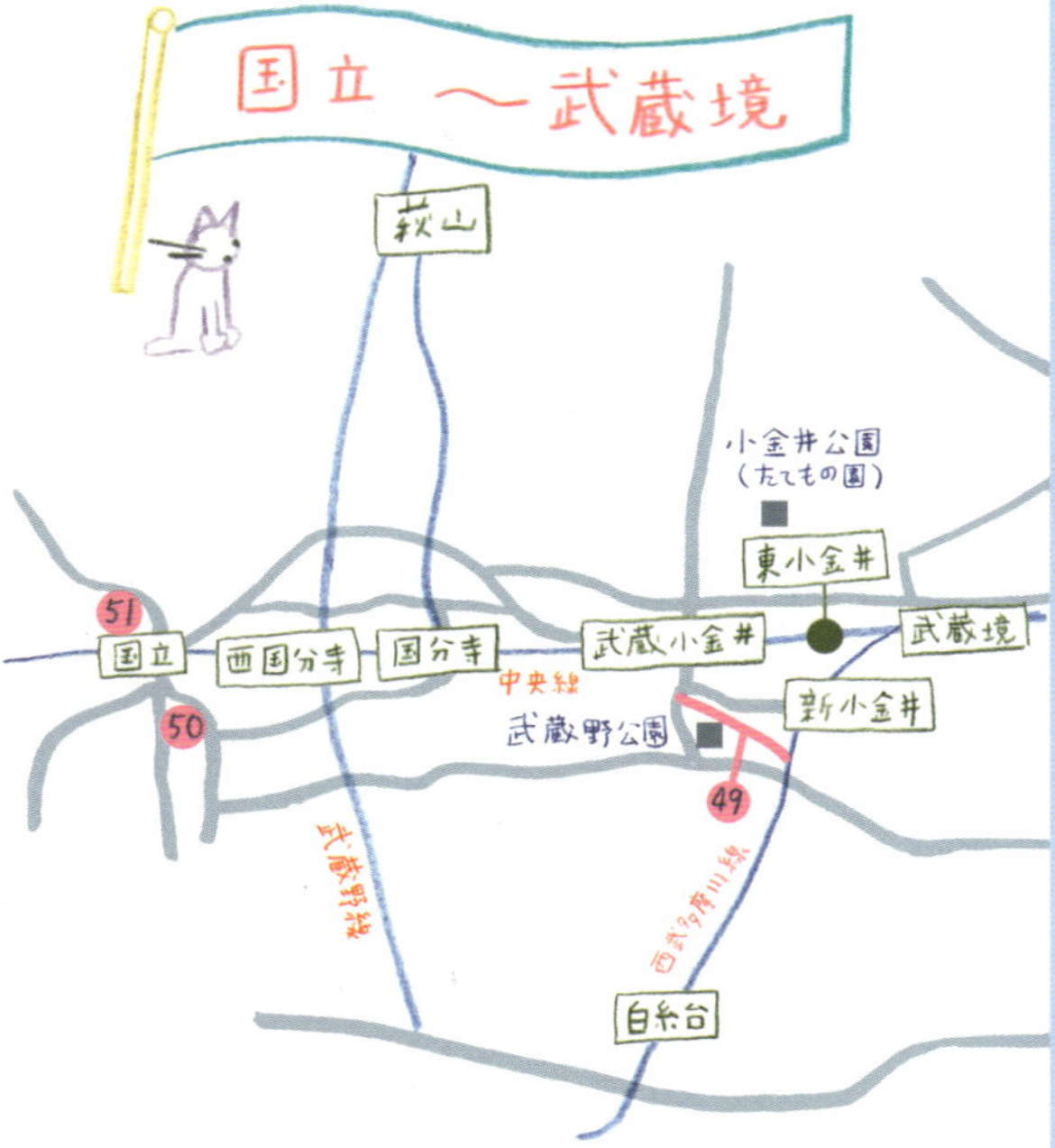

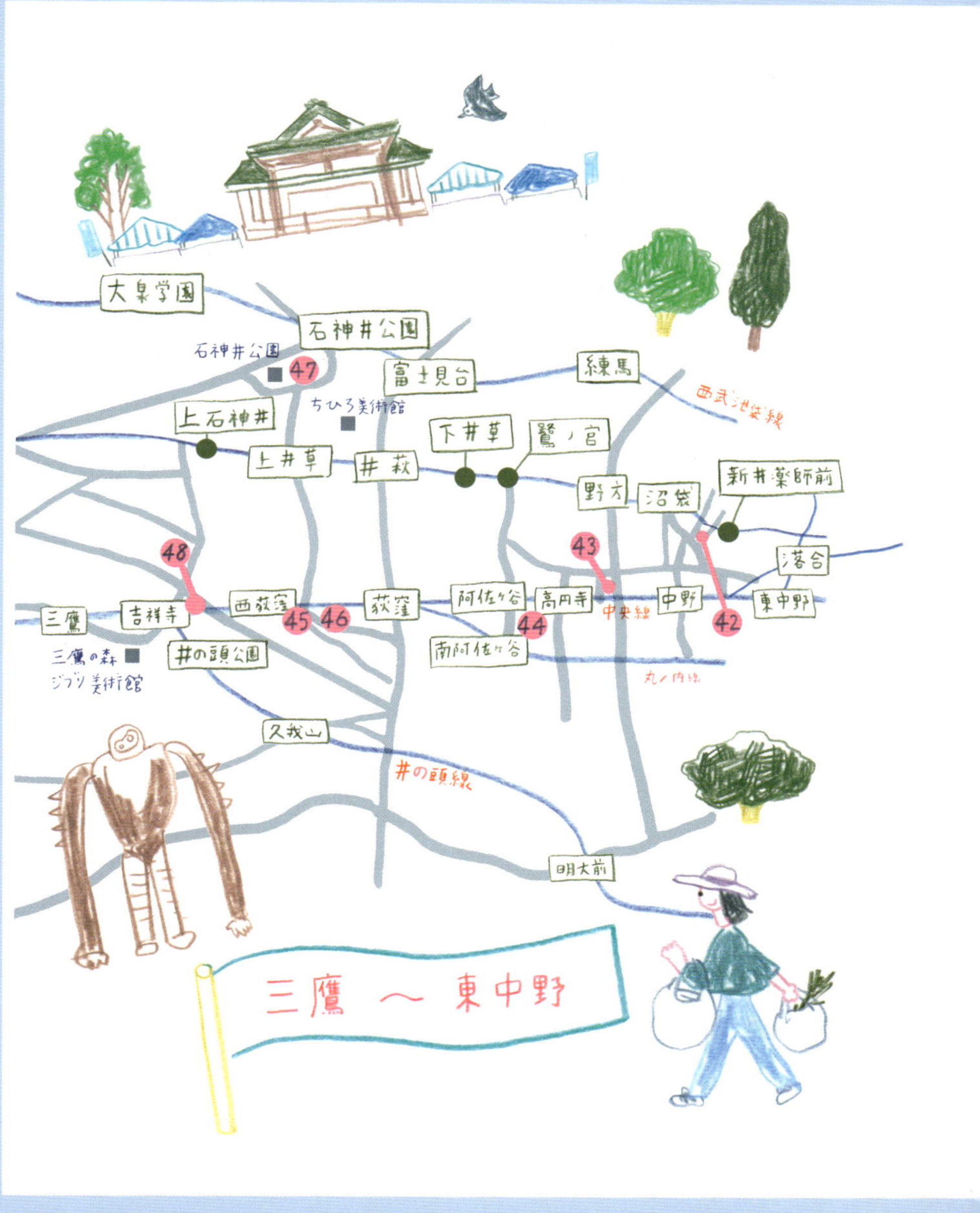
大泉学園
石神井公園
石神井公園
47
富士見台
練馬
西武池袋線
上石神井
ちひろ美術館
下井草
鷺ノ宮
上井草
井荻
野方
沼袋
新井薬師前
48
43
落合
三鷹
吉祥寺
西荻窪
45
46
荻窪
阿佐ヶ谷
高円寺
中野
東中野
中央線
44
42
南阿佐ヶ谷
丸ノ内線
井の頭公園
三鷹の森
ジブリ美術館
久我山
井の頭線
明大前
三鷹 〜 東中野

42

新井薬師骨董市

古伊万里にも親しめる老舗骨董市

骨董
神社仏閣
毎月第1日曜

昭和50年代から続き、骨董マニアも足しげく通うという〝新井薬師骨董市〟。会場である新井薬師の正式名は「新井山梅照院」、山門前の大きな石板が目印です。境内には、整然と並ぶテントや地面に広げたシートにラフなディスプレイのお店まで、さまざまな骨董店が店開きをしています。江戸時代の伊万里焼「古伊万里」が充実しているので、好きな人にはたまらないかも。古布や着物、置物などもあり、和の古民具や骨董品を熱心に見入る人たちでにぎわいます。動物が好きな私が見つけたのは、明治時代から使われていた女子学生向けの理科の教科書。お隣では、日本語の達者な欧米人の男性が立派な桐箱入りの壺をお買い上げ。物は全然違えども、お互いに気に入ったものを手にできたせいか、目が合ってニッコリ笑顔を交わしたのでした。こういう瞬間、「やっぱり定期市は楽しいな」って思えます。午後は早じまいする店もあるので、午前中が狙い目ですよ。

[DATA]

開市場所：新井山梅照院（新井薬師）境内（中野区新井5-3-5）

アクセス：西武新宿線新井薬師前駅より徒歩9分、JR中央線中野駅北口より関東バスにて新井薬師梅照院前停下車、徒歩2分

開市日時：毎月第1日曜（2月は休市）6時～15時30分（寺社の都合による変更あり）
https://www.facebook.com/musousin

ひとことコラム

『女子理科動物教科書』（明治時代発刊、大正2年改定）、100年前の女学生用でなおかつ動物に特化した教科書に興味津々。鉛筆でうっすらと書き込みも。当時の学ぶ姿が目に浮かびます。自分の好きなジャンルがあったら、その目線で定期市を見渡すとおもしろい出会いが待っているかも！

43

座の市

劇場前で食ざんまいの定期市

フード
施設内広場
毎月第３土曜

杉並区立杉並芸術会館「座・高円寺」は、世界的建築家の伊東豊雄氏が設計を手掛け、舞台芸術や文化活動の拠点として地域で親しまれています。その前庭で、食にまつわる定期市〝座の市〟が始まったのは２０１０年。以来、月に一度、通算１００回を超えて開催されてきました。持って帰ることができるもの、その場で味わえるものがバランスよく出店され、高円寺や西荻窪など近隣エリアで人気の菓子や飲食店と、地方物産の紹介がうまく融合していると感じます。また、被災地支援にも迅速に対応。おいしい場をつくり育てることに尽力されているので「今回はどんなおいしいものが来るかな」と訪問前のチラシチェックは欠かせません。チラシには劇場での公演予定も記載され、演劇好きが定期市に触れる、定期市好きが演劇を知るという相乗効果もありそうです。おいしい時間を共有しながら過ごすのが楽しい定期市、通うことで応援したいなと思えるのでした。

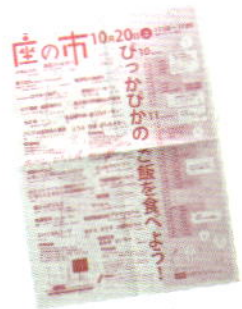

[DATA]

開市場所：杉並区立杉並芸術会館 座・高円寺前広場（杉並区高円寺北2-1-2）

アクセス：
JR中央線高円寺駅北口より徒歩5分

開市日時：毎月第3土曜 11時～17時（夏季～18時。各店売り切れ次第終了）

http://zanoichi.seesaa.net/

震災復興地域の物産から世界の味まで！

44

オトノハ朝市

心にホッと風が吹く、やさしい朝市

フード・クラフト

軒先

毎月最終日曜

南阿佐ヶ谷にある創作中華料理店「オトノハ」。２００７年４月に開店し、その翌月には〝オトノハ朝市〟をスタート。以来、11年以上も続く人気の軒先朝市です。食のプロがつくる朝市には、オリジナル調味料や沖縄のやちむんの器、菓子やパン、蜂蜜など食まわりを中心に、暮らしを彩るあれこれが集まります。会場や時間を拡大して開催される周年記念の感謝祭には、レギュラー出店者とゲストが加わり、入店待ちの行列ができるほどの人気です。唐揚げや麻婆丼など、オトノハの朝市特製メニューも名物。イートインはできませんが、天気がよければ善福寺公園まで足を伸ばしてピクニック気分で味わうのもいいですよ。開始当初に訪れた際、「小さな空間でもこんなに楽しい時間を演出できるのか」と感銘を受けたのを覚えています。残念ながら、毎月開催は２０１９年で終了予定。でも思い出は不滅です！　ホッとできて、活力にもなる日曜の朝市は２時間限定。ぜひお早めに。

Ⓐ朝市限定販売のオリジナル調味料　Ⓑ季節の食材を生かしたケーキ　Ⓒ沖縄やちむんの器はオトノハのお店でも使用
Ⓓちょっとひねりのあるメニューが人気

オトノハ麻婆は
不動の人気！

自家採蜜で多彩
な蜂蜜を紹介

旬の時季に合わせ
た一品が並ぶ

[DATA]

開市場所：
オトノハ（杉並区阿佐谷南1-14-12）

アクセス：
東京メトロ丸ノ内線南阿佐ケ谷駅より徒歩3分

開市日時：
毎月最終日曜 10時〜12時
（2020年以降は不定期イベント開催予定）
http://www.otonoha.info

ひとことコラム

オーナーシェフの奥様は、介護や子育てで心身ともに余裕がなかった頃、ふらっと訪れた朝市（50ニチニチ日曜市）で大きな気分転換ができた経験から「店を持ったら朝市をやろう」と決めていたそうです。「住む街にそれぞれ色がある定期市がたくさんできれば、みんなの気持ちもやわらかになって日本も変わるのでは？ とさえ思う」と語る思いは、ふさいでいた気持ちに風穴が空いた自らの経験によるもの。定期市のよさをとにかく伝えたいという私の思いも同じ。「きっとイチは何かの力になれる」と信じているのです。

45

西荻昼市

東南アジアの白昼夢のような昼市へ

フード
ストリート
毎月第3日曜

西荻窪駅南口からすぐ、小さな路地の柳小路飲食街。こんなにもディープな一角があることを知ったのも、定期市が縁でした。創業19年を迎えるタイ料理店「ハンサム食堂」を中心に、韓国、バングラデシュなど世界各国の多様性あふれる店が同居する路地で開催される〝西荻昼市〟は、知る人ぞ知る人気の昼市です。第3日曜の日中、通りにテーブルを出して店内も開放。各店で買ったものは参加店のどの店に持ち込んでもよく、お得な昼市価格で限定メニューをあれこれ楽しめます。「かの国の屋台街ってこんな感じなんだろうなあ」と思ってしまうほど。そのせいか昼間からキンと冷えたビールやサワーを飲んでも、罪悪感は感じません！ 飲んでしゃべって笑って食べて、ほろ酔い気分で東南アジアを旅する白昼夢を見る、唯一無二な定期市。昼市を体験すれば、もう「いちげんさん」ではないですよね。このエリア、夜の営業時間にも寄ってみたい！

[DATA]

開市場所：柳小路飲食街
(杉並区西荻南3-11-5 ハンサム食堂近辺)

アクセス：JR中央線西荻窪駅南口よりすぐ

開市日時：毎月第3日曜 11時〜17時（夏季〜18時）

https://twitter.com/handsomedelica

煙モクモク、炭火で焼いたポークステーキを店内に持ち込んで。外でも中でも昼飲み最高！

46

40年続く老舗フレンチのおいしい朝市

こけし屋グルメの朝市

フード
施設内広場
毎月第２日曜

カニクリームコロッケ、炭焼きの骨付きラム肉、トマトソースたっぷりのふんわりオムレツ……。こんなにテンションの上がるメニューが朝からいただけると知ったら、行かないわけにはいきません。西荻窪駅前で70年続く、フランス料理と洋菓子の店「こけし屋」の朝市には、シェフやパティシエ特製の朝市限定「口福メニュー」が並びます。前夜は食事を控えめに、しっかりお腹を空かせて向かうのが礼儀とすら思ってしまうほどです。

30年来の常連だという隣り合わせたご夫妻と、ワインと骨付き肉を手に「お腹、朝市に備えてきましたね、お互い」と笑いあったこともありました。地元に愛されてこその老舗なのだと実感しつつ「私の通い歴10年なんてまだまだ」とも思ったのでした。おいしい朝市を40年も続けてくださっている心意気に敬意を表し、月に一度のぜいたく気分を味わいに「また行きたい！」と思わずにはいられないのです。

[DATA]
開市場所：こけし屋 別館前駐車場
(杉並区西荻南3-14-6)
アクセス：JR中央線西荻窪駅南口よりすぐ
開市日時：毎月第２日曜 8時～11時
http://www.kokeshiya.com/

定番のオムレツをはじめ、コロッケやキッシュ、洋食のおいしいとこどりのメニューに朝からテンションが上がります

47

界隈のイイトコ、イイコト、イイモノを集めて
井のいち

フード・クラフト

神社仏閣

5月の日曜

2011年から毎年1回、新緑の頃に石神井氷川神社で開催されている〝井のいち〟は、地元のクリエーターとギャラリーオーナーが立ち上げたフリーペーパー「井」から派生し誕生したものです。

境内に入っていくと、クラフトやフードの物販に、神楽殿ライブやワークショップなど、気になるものだらけ！　特に子どもたちが参加できるものづくりや体験型企画が多いので、家族での来場率がとても高いように思えます。また、東京初のワイナリーや手づくりソーセージをはじめ、地域の特徴的な飲食ブースも魅力的。「これも地元産？」なんてやりとりから、街そのものを知るきっかけが生まれます。「井」のコミュニティに関わる店や人が、自分たちのできることを形にしながら育んできた定期市、「こんな楽しいものがある街に引っ越して来たい！」と耳にするのも納得です。これからも地域の「楽しい時間の合言葉」になっていけばいいなと思うのでした。

Ⓐ雑木林で遊び学ぶ　Ⓑ「井エリア産」をおいしく堪能　Ⓒ恒例の神楽殿ライブ　Ⓓ青空の下で本に親しむコーナー　Ⓔ個性的なクラフトも人気。これ、吹きガラスの器！

地場農園の
新鮮野菜

すべて手書きの
1点もの

クラフトビール
も地元産

[DATA]

開市場所：
石神井氷川神社（練馬区石神井台1-18-24）

アクセス：
西武新宿線上石神井駅より徒歩15分、西武池袋線石神井公園駅より徒歩16分

開市日時：
毎年5月の日曜の1日 10時〜16時
http://i-mondo.org

ひとことコラム

石神井、井草、井荻、そして大泉など、水にまつわる場所が多いことから、このエリアを「井」と名付け、その後フリーペーパーのタイトルとして浸透しました。定期市のネーミングはそれを生かしています。「なぜその名前なのか？」から、地域をちょっとだけ深く知ってみようと思わせることができます。定期市をどんな名前にするのか、愛着度の高さはもちろん、そこに込められた意味を知りたくなるよう興味を引くことも一案です。

48

住んでみたい街にはいい朝市がある

吉祥寺ハーモニカ横丁朝市

フード・雑貨

ストリート

毎月第3日曜

第3日曜の朝7時過ぎ、まだ眠っている吉祥寺の街で、駅前の一角だけが多くの人でにぎわいます。おいしそうな匂いとにぎやかな声が横丁を包む〝ハーモニカ横丁朝市〟です。

まずはぐるっとひとまわり。初めは迷路みたいな横丁に戸惑うかもしれませんが、思いつくままに行ったり来たりしているうちに、頭に全体の地図が浮かんできて、やがて「あの角を曲がったら……」とワクワク感が勝ってくるはずです。独特な雰囲気に魅了されるのは、来場者も出店者もきっと同じ。出店希望者も増えているそうです。雑貨から野菜やスイーツまでいろいろありますが、必ずチェックするのは限定の朝食メニューです。朝市に合わせて開店する常設店も加わり、焼きたて揚げたて、どれを食べようかと迷いながらもあれこれ手にとって、もう朝から満腹、至福！　でも、街が目覚める10時には完全撤収。夢の時間は短いですよ、早起き必須で向かいましょう。

Ⓐ10年前も今も変わらない風景　Ⓑもちもちのみたらし団子、おいしかった！　Ⓒしじみの味噌汁と握りたてのおにぎり（魚沼産コシヒカリ）は朝市限定　Ⓓ包丁研ぎ⧄　Ⓔ世界中のピンバッチコレクション

食がテーマのピンバッジをゲット！

ハモニカ？ハーモニカ？どっちでもOK！

[DATA]

開市場所：
吉祥寺ハーモニカ横丁
（武蔵野市吉祥寺本町1-1）

アクセス：
JR中央線・京王井の頭線吉祥寺駅北口より徒歩1分

開市日時：
毎月第3日曜 7時～10時（完全撤収）
https://www.facebook.com/h.y.asaichi/

ひとことコラム

小さな頃から吉祥寺ハーモニカ横丁で育った朝市の実行委員によると、「初めて横丁を訪れる人は少し入りづらい感覚があるらしい」と知ったことが、朝市を企画するきっかけになったそうです。一般に「朝市」には誰もが気軽に立ち寄れるイメージがあり、ワクワクした気持ちも感じられます。地元に長く住む人には身近すぎて気づきにくい弱点も、見方を変えればそれを魅力に変えられる……定期市にはそんな力がある気がしています。

49

朝市から始まる地元の再発見

はけのおいしい朝市

フード・雑貨
軒先・公園など
毎月第1日曜

ＪＲ武蔵小金井駅から南へ徒歩5分ほどにある崖地、国分寺崖線・通称「はけ」周辺は、昔ながらの自然が残る心地よいエリアです。この地を大切に守りながら、地域で活動する人や暮らす人たちとともに過ごす時間を提案していこう、とスタートした〝はけのおいしい朝市〟。はけのある小金井周辺を拠点にする店舗やクリエーターで組合員を構成し、それぞれの軒先を巡回するように会場を変え開催しています。立ち上げ時からのメンバーで、現在の組合長でもある「出茶屋」の個性的なコーヒーは〝はけいち〟の顔的存在。鉄瓶で沸かした湯でドリップするコーヒーで、店を構えるノスタルジックな丸田ストアーも会場の一つです。ほかにも花、生活雑貨、焼き菓子&デリ、古民具、文房具、ものづくりのクリエーターなど、組合員の業種も多彩で、１００回以上続いてもなお「次は何?」と毎回楽しみにするようすが、来場者の笑顔から伝わります。次が待ち遠しい朝市、素敵です!

おいしかった！
バインミー

境内で開かれるほっこりするライブや子どもと一緒に楽しめるワークショップも人気

年１回は広い武蔵野公園で開催

はけいちに賛同する作り手が集結

車体から出てくるクラフトビール！？

[DATA]

開市場所：
武蔵野はけの道界隈（開市ごとに会場は異なる）

アクセス：
JR 武蔵小金井駅より徒歩またはバス

開市日時：毎月第１日曜 10時〜15時
（会場や組合員の都合によって不定休あり。
盛夏は夜市の場合もあり）
https://hakeichi.exblog.jp/

ひとことコラム

組合員とのつながりでゲストを迎えることから派生し、普段よりも大きな会場でより多くの出店者が参加する回があります。会場の条件は、小金井神社や武蔵野公園など、地元小金井の魅力をさらに伝えられる場所であること。2009年から100回以上続く朝市は、「はけ」の枠にとどまらず、地域住民とイチ好きを楽しく巻き込んで、この武蔵野の土地に暮らすことを心から楽しんでいるようす。ちょっとうらやましいです。

50

小さな日曜市の大きな役割

ニチニチ日曜市

フード・古書・雑貨

軒先

毎月第3日曜

「ニチニチ」はJR国立駅前の旭通り商店街にある人気の無国籍料理店。そこで日曜の昼に開催される〝ニチニチ日曜市〟は、2005年から「製造者直売による月に一度の日曜市」として、変わらずに続いています。主要メンバーのつながり出店が主体で、アットホームな雰囲気も持ち味です。まとめ役の「古本泡山」が厳選する古書、常連出店の「北川ベーカリー」は人気の天然酵母パンだけでなく、一品メニュー（去る年は夏に冷汁そうめん、冬は水餃子！）も日曜市限定のお楽しみ。野菜、スイーツ、雑貨のほか、手相見やお繕い、似顔絵の日も！　暮らしをちょっと楽しくする計6店ほどが、月替りで和やかに来店者を迎えます。第3日曜の昼に、おいしいものやホッとする時間があることを知る人たちはすでにたくさんいるので、SNSを駆使しなくてもにぎわうのはさすがです。続くことはつながること、東京定期市のレジェンドは変わらずそこにいてくれます。

Ⓐゲストを交えながらの和やかな朝市　Ⓑパンや野菜も素材や栽培法にこだわって　Ⓒ親子で来ても楽しいよ　Ⓓ私も見てもらった手相。いいことあるらしい!?　Ⓔ「今回は何かな？」って楽しみにのぞく本棚

常連さん必携の
スタンプカード

[DATA]

開市場所：
ニチニチ（国立市東1-6-1）

アクセス：
JR中央線国立駅より徒歩3分

開市日時：
毎月第3日曜 11時〜15時30分（不定休あり）

ひとことコラム

ほかの定期市の主催者から、「いつか自分でも定期市をやりたいと思ったきっかけが、ニチニチ日曜市でした」という声を何度か耳にしました。「公式ブログもSNSもなく、小さなチラシで告知するだけ」とおっしゃいますが、お客さんの口コミや参加経験のある出店者が、自分の参加回以外でも告知するなど、続けることで生まれたネットワークは計り知れないかも。何より「何回行っても飽きない」って素敵なことですよね。

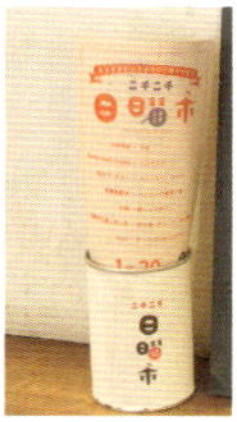

51

ゆるやかで強いつながりが生む

kunitachi ゆる市

フード・クラフト・雑貨

ストリート

春・秋

JR国立駅周辺を拠点にする作り手や店舗を一挙に紹介できる機会がつくれたらと、2012年に始まったのが〝kunitachi ゆる市〟です。通り沿いの数店舗をはしごするスタイルや、隣り合った一軒家アトリエの開放など、会場を固定せず、毎回場所を変えながらの開催はおもしろい試みです。インテリアや生活雑貨、古道具に文具と、各店が既存商品に加えて準備する限定品をチェックしながら、軒先でコーヒーやスイーツも堪能。

スタッフさんからいただいた特製マップを頼りに、行ったり来たりしながら楽しみます。初訪問時、国立ビギナーの私をひょいと気軽に受け入れてくれた〝ゆる市〟。街の魅力の一面をうまく伝達してもらえた気がして、以来、ちょくちょく通うようになりました。そう思えるのは、「この街で生きている」ことでつながり合うメンバーたちのチームワークの賜物なのかもしれません。来たらきっと好きになる、街を楽しむ定期市です。

[DATA]

開市場所：JR国立駅北口周辺（開市ごとに会場は異なる）

アクセス：JR中央線・国立駅より徒歩またはバス

開市日時：主に春・秋の年2回

http://yuruichi.exblog.jp/

国立を拠点とする店や作り手を知る街の市

COLUMN-3

イチで見つけた私のイッピン

蚤の市や骨董市に通い始めの頃、ついテンションが上がり、目についたものを勢いで買ってしまうことがありました。やがて、好きなもの、欲しいものに「軸」ができると、自然と衝動買いが減って、買うものにも調和がとれてきたような気がします。私の場合は、たとえばこんなもの。
さて、あなたは何を「軸」にしますか？

01

希少なデザインをコレクション

版画や手書きタイトル、箱入り、布張りなど、今では希少なデザインや仕様の古書は見逃せません。本文の活版印刷の凹凸を指先に感じると、「紙じゃなきゃいけない理由がここにあるんだよなあ」としみじみ思います。

02

好きなモチーフこそ厳選！

犬や動物モチーフは、好きだからこそ厳選して「これ！」というものだけ買うようにしています。「かわいさ」よりも動物本来の「かっこいい」姿に惹かれます。どれも1,000円前後で手に入れた、我が家のPACK（群）の一員です。

03

色の系統をそろえる

一つ気に入った皿（青と緑が混じったような色味）を見つけてから、それに合わせるように選ぶことで、必要以上に目移りしなくなった気がします。洋皿の場合、最近は白ベースのオーバル（楕円型）一択です。

東京の市場さんぽ

23区外エリア

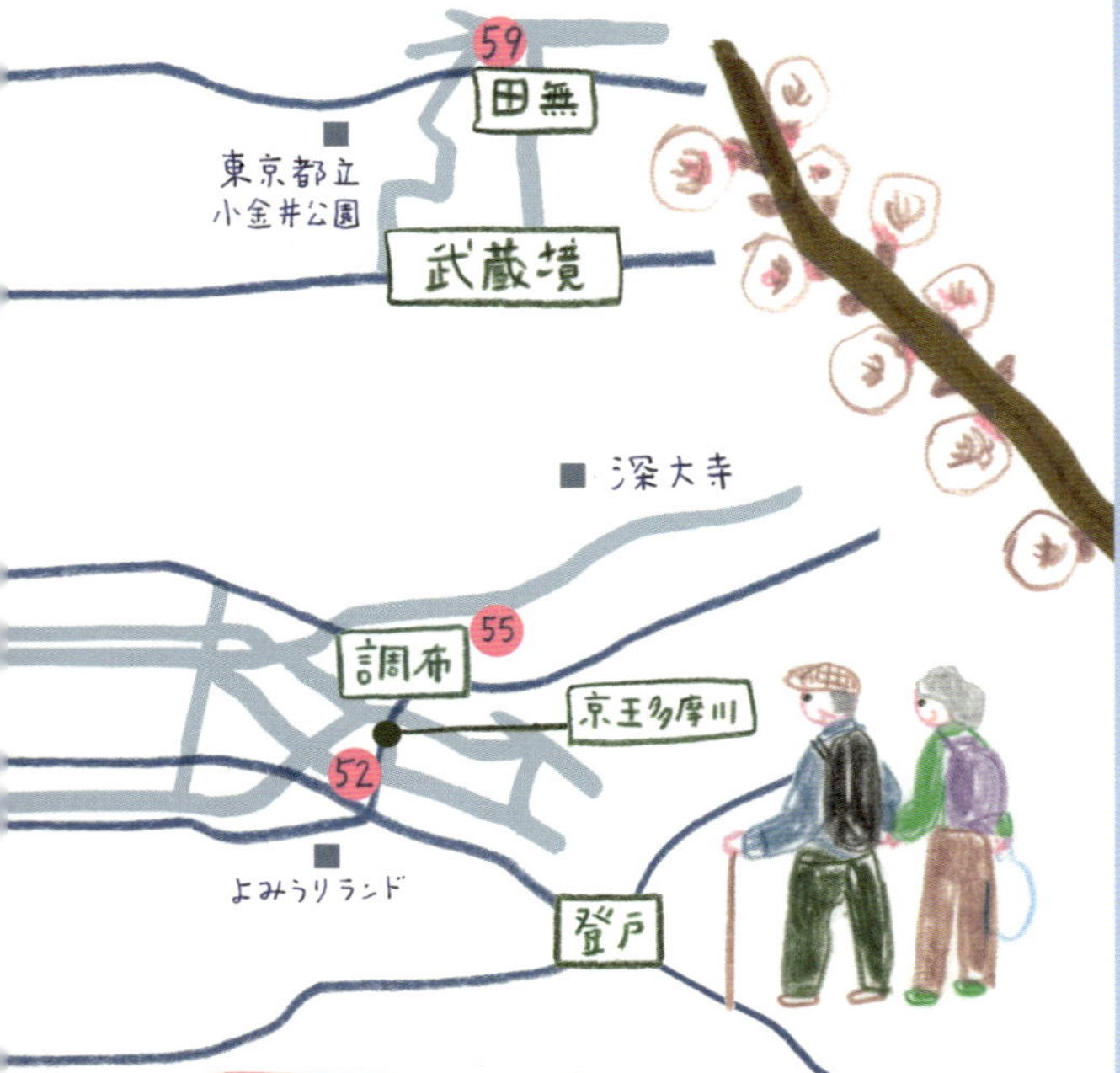

52　もみじ市
53　武相荘の骨董市
54　町田天満宮がらくた骨董市
55　布多天骨董てんこもり市
56　大國魂神社すもも祭（すもも市）
57　多摩くらふとフェア
58　八王子古本まつり
59　梅の市
60　酉の市

TOKYO
[Others Area]

52

もみじ市

本気で「素敵」を集めて楽しむ定期市

フード・雑貨
広場
10月頃

〝もみじ市〟といえば、東京のクラフト系市の先駆け的存在。今では定期市好きの間で知らぬ人はいないほどの存在感です。２００８年から多摩川の河川敷での開市が定着。青空の下で作り手自らが販売するスタイルが人気を集め、注目度は一気に高まりました。物販や飲食、ワークショップやライブを楽しみながら、土手に座って一日を過ごす人も少なくありません。天候不良時は近隣の競輪場が振替会場になったことも。でもやっぱり広々とした河川敷で開かれるもみじ市が好きなんだなぁ。

１００組超が参加する大所帯になっても、出店者は公募ではなく、運営スタッフがこれぞと思うクリエーターに声をかけ、常にコミュニケーションをとって一緒につくり上げるという〝もみじ市〟。ギャラリーではなく青空の下で見る「本物」は、たくさんの人たちに「本気」という小さな灯りを手渡しているようにも思えます。これまでも、これからも。

テントえいがかんやライブなど見どころは盛りだくさん

Ⓐ事務局を置く手紙社プロデュースのブースもあり　Ⓑ全国各地から人気店のおいしいものが大集合　Ⓒ河川敷開催の雰囲気は開始当初から変わらぬ心地よさ　Ⓓ雨天時の室内開催のようす。2019年からは屋外のみの開催に

見惚れる作品群があちこちに

ワイヤーアート買いました

人気作家のブースは行列必至

[DATA]

開市場所：
多摩川河川敷

アクセス：
京王線京王多摩川駅よりすぐ

開市日時：
毎年10月頃の土曜・日曜の2日間
土曜10時30分～16時、日曜10時～15時30分

http://momijiichi.com/

ひとことコラム

現在はとても大きくなったもみじ市ですが、スタートは2006年秋、小さなギャラリーからでした。翌年から、春は「花市」、秋は「もみじ市」として狛江にある泉龍寺の境内で開かれ、私が通い始めたのはこの頃からです。こじんまりしつつも、しつらえやアイデアは大きくなった今と変わらず、作り手から直接購入できる機会も、当時はとても新鮮で楽しかったなあ。見本もないまま、試行錯誤で始まったと思われるもみじ市、繰り返すことで生まれる反省や、何よりそれ以上に多くの共感に育まれてきたのだと思います。

53

武相荘の骨董市

白洲次郎・正子の愛した風景で骨董に出会う

骨董
施設内広場
春・秋

白洲次郎・正子夫妻が終《つい》の住処とした町田の旧邸宅「武相荘《ぶあいそう》」は、養蚕農家だった広い敷地を生かし、現在はミュージアムやレストランなどの施設として運営中。そこで開かれる〝武相荘の骨董市〟が、密かな人気を集めています。風光明媚なこの場所で定期市が始まったのは、2015年3月。鶴川街道側の門を入ってすぐの前庭、現在はカフェのエリアとショップが入る建物の1階ラウンジを開放し、和洋の骨董品からエスニックな工芸品まで7〜8店が出店しています。伝統芸能や骨董、美術工芸にも造詣が深かった白洲正子さんは私にとって憧れの存在です。その審美眼に学びたいと思う骨董好きはもちろん、白洲夫妻のファンや武相荘に魅せられた人びとなど、多くの来場者でにぎわいます。新緑の頃と秋の風情豊かな頃と、毎年移りゆく季節を感じながら骨董市を堪能できるのは至福の時間です。また次が楽しみになる、素敵な定期市です。

Ⓐ中庭全体が骨董市会場に　Ⓑ昔の暮らしには欠かせなかった古民具も多数　Ⓒなかなかお目にかかれない大皿も多数出品　Ⓓ奥のギャラリー（有料）とレストランの雰囲気も素敵

[DATA]

開市場所：
旧白洲邸・武相荘 カフェスペース周辺および能ヶ谷ラウンジ（町田市能ヶ谷7-3-2）

アクセス：
小田急線鶴川駅北口より徒歩15分、駅前バス2番乗り場「鶴川団地行き」鶴11系：鶴川一丁目停、鶴13系：平和台入口停下車、徒歩5分

開市日時：
主に春・秋の年2回 10時～16時頃（施設は～17時、入館は～16時30分。ミュージアムエリアは有料）
https://buaiso.com/

しつらえの学び
にも最適の市

白と青のコント
ラストが好き

美しい彩色にうっとり

ひとことコラム

「どきどきさせる美しいもの、ひとめ惚れをした好きなものだけを、身近に置いて日常に使う」（『白洲正子の世界』平凡社 1997年刊）定期市めぐりをするとき、白洲正子さんがつづった言葉を心に留め置いています。高価でなくとも、自分をドキドキさせる、一生一緒に暮らしたいという気にさせるものと出会えますように、との願いを込めて。

54

町田天満宮がらくた骨董市

愛しきがらくたが集う老舗骨董市

骨董
神社仏閣
毎月1日

毎月1日に開催される〝町田天満宮がらくた骨董市〟は、四半世紀以上も続く老舗の骨董市です。初めて訪れたときは、外国人客の多さに驚きました。町田は、基地の街でもある福生や厚木からアクセスしやすく、近年は訪日観光客の急増もあって、この日も平日にもかかわらず大盛況でした。「がらくた」と銘打つだけあって、高価な骨董に限らず、古道具や着物、日用品、おもちゃ、マニアックなコレクションまで、昭和期以前の品々とそれを選ぶ人のようすを見ているだけでも飽きません。隣で古い着物地を探していたのは「ヴィンテージ感がたまらない」というファッション系専門学校の学生さん。着物地をリメイクするそうです。そんな会話も楽しみながら、ひしめき合うように配置されたお店の間を行ったり来たりしていると、時間が経つのも忘れます。さて次はいつ行けるかな？ カレンダーの「1日」に丸をつけておかなくちゃ。

[DATA]

開市場所：町田天満宮境内（町田市原町田1-21-5）

アクセス：JR町田駅ターミナル口より徒歩10分、小田急線町田駅西口より徒歩12分

開市日時：毎月1日（1月・11月は開催日変更あり）7時〜16時

増える外国人客向けに英語案内もあり

55

天神さまと地元に育まれた古物市
布多天骨董てんこもり市

骨董
神社仏閣
毎月第2日曜

調布駅北口から、ゲゲゲの鬼太郎のオブジェが出迎える天神通り商店街を抜けて、大きな石の鳥居の方へ。愛嬌のある名称が印象的な〝布多天骨董てんこもり市〟は、レトロでかわいい置物や、昔から日用品として使われ続けてきた古民具などが並ぶ、古物の定期市です。出店者の多くが時代の先輩方ですが、常連さんと思しきご夫妻と骨董談義を交わしたり、古銭本を抱えた小学生がお目当ての古銭を懸命に探す姿をほほえましく見守っていたりと、いつ来てもゆったりとした時間が流れている感じがして、妙に居心地がよいのです。こじんまりした境内をくるくると回遊しては「やっぱりあれが気になる!」と財布を握りしめて、お目当ての店先へ向かいます。

犬の散歩ついでに立ち寄る人もちらほらいて、気軽に声を掛け合う雰囲気から、地元でも親しみやすい骨董市として育まれてきたのだろうなと想像できます。朝の散歩気分で訪れるのもおすすめです。

レトロ好きの女性客も多い

[DATA]

開市場所：布多天神社境内
(調布市調布ヶ丘1-8-1)

アクセス：京王線調布駅北口より徒歩5分

開市日時：毎月第2日曜 7時～15時頃

http://blog.livedoor.jp/fudaten/

ひとことコラム

境内で開かれる定期市の繁栄や商売繁盛を祈願して、氏子や商人が1796(寛政8)年に建立したとされる、布多天神の狛犬。200年以上も昔に、すでにここで「天神の市」があった証でもあります(現在も毎月25日に天神の市が開かれています)。狛犬様は、市に関わる商人たちをずっと見守り続けてきたのですね。定期市好きにとっては感慨深いエピソードです。

56

日本で唯一のすももの市

大國魂神社 すもも祭(すもも市)

縁起物(すもも)

神社仏閣

7月20日

「すもも桃も、桃のうち」という言葉遊びに登場することでおなじみの「すもも」。今はプラムと呼ぶ方がなじみ深いかもしれません。旬は6月～9月頃、そして出荷最盛期の7月には〝すもも市〟があると知り、これは訪ねてみなければと、府中の大國魂《おおくにたま》神社へ向かいました。その昔、戦に勝利した御礼参りのお供え物にしたことから、すももの市が立つようになったとされています。たくさんの露天とともに、すももが参道にずらり。

すもも市の日の参拝客は例年7万人というから驚きです。まずは厄除けのからす団扇を授かってから、すもも市へと戻りましょう。品種もさまざまで、大石早生《おおいしわせ》は最もポピュラーな品種、サマーエンジェルは山梨の品種で特産品であることなども初めて知りました。毎年この日に買うのが恒例という地元の方も多いようです。甘酸っぱい果汁が、蒸し暑いこの時期にぴったりの味わい。すももの魅力も再発見しつつ、ご利益にあやかって。

[DATA]

開市場所：大國魂神社(府中市宮町3-1)

アクセス：京王線府中駅南口、JR南武線・武蔵野線府中本町駅より徒歩5分

開市日時：毎年7月20日 すもも市は7時～21時頃、からす団扇・扇子頒布は6時～21時

https://www.ookunitamajinja.or.jp/

ひとことコラム

約1200年前の神話を起源に、カラスの模様を施した扇と団扇で扇ぐと農作物の害虫が駆除され、病気は平癒するといいます。玄関先に置けば、魔を祓って家に幸福が訪れるなどのご利益があるそう。これをいただけるのは毎年7月20日だけ！(団扇500円、扇子/小1,500円・大/2,000円)

57

青空と芝生とクラフト職人と
多摩くらふとフェア

クラフト・フード
公園
10月頃

秋は各地でクラフト系市が開かれますが、ぜひピクニック気分で訪れたいのが〝多摩くらふとフェア〟です。多摩センター駅からまっすぐ伸びる遊歩道・パルテノン大通りの突き当りにある多摩中央公園が会場。息を切らして大階段を上った先には、大きな池の周りに芝生と青空が広がり、このロケーションが気持ちいい！　全国から、ガラス、金属、陶磁器、木工、皮革、織・染・布などの職人が大集合。若手とベテランが融合した雰囲気も、ほかの定期市にはないように思います。仲間と森の管理をしながら、間伐材でアイデアにあふれた木工品をつくるご夫婦や、手まわし独楽《こま》の作家のほか、「航空機整備士が教えるよく飛ぶ飛行機づくり」の体験コーナーは子ども心をわしづかみです。手のしわに刻まれた職人魂に触れ、歩き疲れたら芝生でゴロンとひと休み。キッチンカーでお腹を満たし、またひとまわりするのも一案。家族連れにもおすすめの定期市です。

間伐材を活用したミニチェア

[DATA]

開市場所：多摩中央公園（多摩市落合2-35）

アクセス：京王線・小田急線・多摩モノレール多摩センター駅より徒歩5分

開市日時：毎年10月頃の2日間
10時～17時（2日目～15時）

https://www.tama-craftfair.com/

全国から職人が集う市はアイデアの宝庫

58

八王子古本まつり

個性的な企画とマチナカ古本市

古書
ストリート
春・秋

2009年から毎年春と秋に開催されている〝八王子古本まつり〟は、八王子駅前の長い遊歩道にテントがずらっと並ぶ、まつりという名の気軽に古書に親しめる定期市です。毎回、特集テーマが掲げられていて、過去には「百薬」「もののけ」「くつろぐ。」「サカノボル、ミライ。」と個性的なワードが並び、ポスターのデザインも年々斬新さを増しています。特集コーナーにはじまり、作家や専門家によるトークレクチャー、「本音フェス」というライブまで、企画が盛りだくさんなのも特徴です。古書はジャンルごとに仕分けしてあって探しやすく、私は動物好きなので生物関連のコーナーから『生態学とは何か』をチョイス。じっくり読みたい一冊を見つけました。地元古書店や商店街、地域で活動する人たちと連携し、全体で八王子らしさを伝える場所でもある古本まつり。会期は週末を含む5日間、自分だけの一冊に出会えますように。

[DATA]

開市場所：八王子駅前ユーロード
アクセス：JR八王子駅北口よりすぐ
開市日時：春・秋の年2回（春はゴールデンウイーク頃、秋は10月初旬）10時～19時
http://hachiojiusedbookfestival.com

駅前の遊歩道一帯が古本で埋め尽くされる

59

梅の市

梅の市から始める梅しごと

縁起物（梅）

神社仏閣

6月6・11・16・21・26日

田無の〝梅の市〟は、花が咲き誇る春ではなく、梅の実が旬の6月に開かれる定期市です。「花より団子派」としては興味津々、田無市にある総持寺を訪ねてみました。江戸末期以降に行われていた六斎《ろくさい》市《いち》の名残から、6月6日以降の1と6がつく日にのみ市が立ちます。実は今、最後の一店になってしまったそうなのです。「なくしたくないからね、頑張るよ」と笑顔のご夫婦。応援したいなぁ。

品種や粒の大きさ、熟成度や塩分濃度による味わいの違いを、出店者の自家製梅干しを試食しながら教えていただきました。去年は小粒な梅を購入し、赤紫蘇を入れない白干しに初挑戦。塩漬けから順調に梅酢も上がり、いざ三日三晩の土用干しのはずが、猛暑の年は二日でもうカラッカラに干し上がってしまいました。マニュアル通りにいかないのが自然なのだと痛感します。まさにいい塩梅を学べる「梅しごと」、梅の市から歳時のしつらえを始めてみませんか？

[DATA]

開市場所：田無山総持寺参道
（西東京市田無町3-8-12）

アクセス：西武新宿線田無駅北口より
徒歩8分

開市日時：毎年6月6・11・16・21・26日
7時〜16時頃

梅のプロになんでも聞いてみて！

60

酉の市

おとりさまの日の縁起市で繁盛招福を

縁起物（熊手）

神社仏閣

11月の酉の日

冬の風物詩の一つ、酉の市。毎年11月の酉の日に行われてきた酉の祭に市が立ったことから、総じて〝酉の市〟と呼ばれるようなりました。その起源や発祥には諸説ありますが、日本武尊《やまとたけるのみこと》を祭神とする大鳥・大鷲・鷲神社をはじめ、関東の一都三県で多くの酉の市が行われています。なんとなく「大きな熊手を買う人だけが行くもの」と思っていたらもったいないですよ。活気と熱気とたくさんの福に囲まれて、御利益のおすそ分けもいただけそうな雰囲気をぜひ味わいに行きましょう。

「来年はさらに大きくなれるように」と願いを込めて集まる人びとで、どこの酉の市も大にぎわいです。参拝を済ませたら、酉の市限定の御守や御朱印をいただいて、縁起物の熊手を見てまわりましょう。浅草・鷲神社や新宿・花園神社、府中・大國魂神社などの大きな市で見られる、高く積み上げるように飾った熊手は圧巻！　威勢のいい商談成立の手締めを聞いて、元気をもらって帰りましょう。

Ⓐ富岡八幡宮境内の大鳥神社は、熊手の市が並ぶにぎやかな参道から少し離れた場所にあり、静かに参拝ができました　Ⓑ築地場外市場の奥にある波除神社の酉の市には、市場や飲食の関係者が多く訪れるそう　Ⓒ三本締めで威勢よく招福祈願　Ⓓ酉の市のみで授与される熊手御守で福をかっこめ！（浅草・鷲神社）

熊手飾りの多彩さには驚き！

波除神社の御朱印帳には魚のワンポイント！ 定期市で食べ歩く私にはぴったり、初めて御朱印帳を購入しました。酉の日には特別な印をいただけます

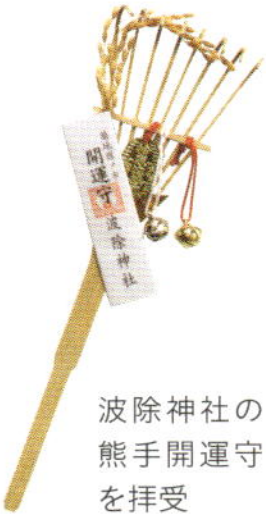

波除神社の熊手開運守を拝受

[DATA]

開市場所：
鷲神社・長國寺（浅草）、花園神社（新宿）、波除神社（築地）、大鷲神社（足立 / 花畑、横浜 / 金刀比羅、府中 / 大國魂神社内ほか）、大鳥神社（深川 / 富岡八幡宮内、目黒、雑司が谷、八王子 / 市守ほか）　ほか多数

開市日時：
毎年11月の酉の日※ 0時～24時（御守授与などの時間は開市場所ごとに異なる）

※酉の日は、暦の十二支により12日に1度やってくる。年によって1ヶ月に2回と3回の場合があり、それぞれ一の酉・二の酉・三の酉と呼ばれる

ひとことコラム

熊手の飾りは、いろいろなものが合わさって一つの縁起物になっています。どう組み合わせるかは職人次第。たとえば、米俵：五穀豊穣、恵比寿天：商売繁盛の神、大黒天：食物・財福の神、親子亀：長寿・子孫繁栄、大判・小判：商売繁盛・家運隆盛、打ち出の小槌：財運・開運招福、ひょうたん：魔除け、福寿草：長寿・幸福、笹：福徳円満、南天：難を転じて福となす、升：ますますの発展、フクロウ：不苦労、鯛：めでたい、豚が2匹：トントン拍子!?　やっぱりこれも出会い、ピンとくるものを手にしてくださいね。

イチのある街に住むこと

～日常でつながるイチと街と人～

私は京都から東京へやってきた地方出身者の一人ですが、東京での引っ越し先の街選びといえば、通勤の都合が最優先で、自分が暮らすかもしれない街の楽しいところを探すのは二の次だったような気がします。だからこそ、あの頃の私に教えてあげたい！「朝市や週末市のある街をキーワードに家探しをしてみたらよかったのに！」って。

朝市や週末市に通ってみると、知らない街に顔見知りができる。話も弾むようになり、「また来よう」と思う。やがて、長年地元に住む作り手さんからとっておきの街情報を聞いたりしてその街への興味もわき、「ただいま！」と言ってしまいそうな愛着が生まれ、「住んでみようかな、この街」と思えたら、一番いいなあって思うのです。私が「イチと街はつながっている」と思う理由は、そんなところにあるのかも。もちろん、遠くからそのために通うレジャー的な楽しさも大好きですが、日々の暮らしに溶け込むようにイチがある風景は、私にとっての理想形です。

東京には、400年以上前に始まった38世田谷ボロ市をはじめ、古来より暦や縁起にまつわり育まれてきた定期市、軒先で開く小さな朝市や作り手が個性を披露する手づくり市、和洋取り混ぜた古物の市、農家直販の市など、各ジャンルの先駆けやそこにしかない個性的なものが多彩にそろいます。またどんなイチにめぐりあえるか、令和のニューウェーブもちょっと楽しみ。「見る」を堪能し、「知る」を楽しみ、「食べる」を満喫する……。関心をそそるおもしろみだらけの定期市から、自分の住む街への興味の入口を見つけてもらえたら、何よりです。

COLUMN-4

イチの「紙モノ」コレクション

カラーやデザインで工夫

手書き風レトロ

凝ってます！

統一イメージでシリーズ化

定期市などの会場でよく、ほかのイチの開催を知らせる「紙モノ」を見かけます。それは、手に取るたびにうれしくなるアイテム。センスやアイデア、情熱や思いがぎゅっと詰まった、SNSの時代になっても、ずっと変わらない大事なもの。「これも素敵ですよ、ぜひ！」手渡された瞬間、一枚の紙はイチから私への招待状になる。小さな紙モノをきっかけに新たなイチにめぐりあい、足を運んで、少しずつ、いろいろな街や人ともつながることができました。だから、ファイルにはさんでいつも大切に持ち帰るのです。次を楽しみに待ちながら……。

神奈川の市場さんぽ

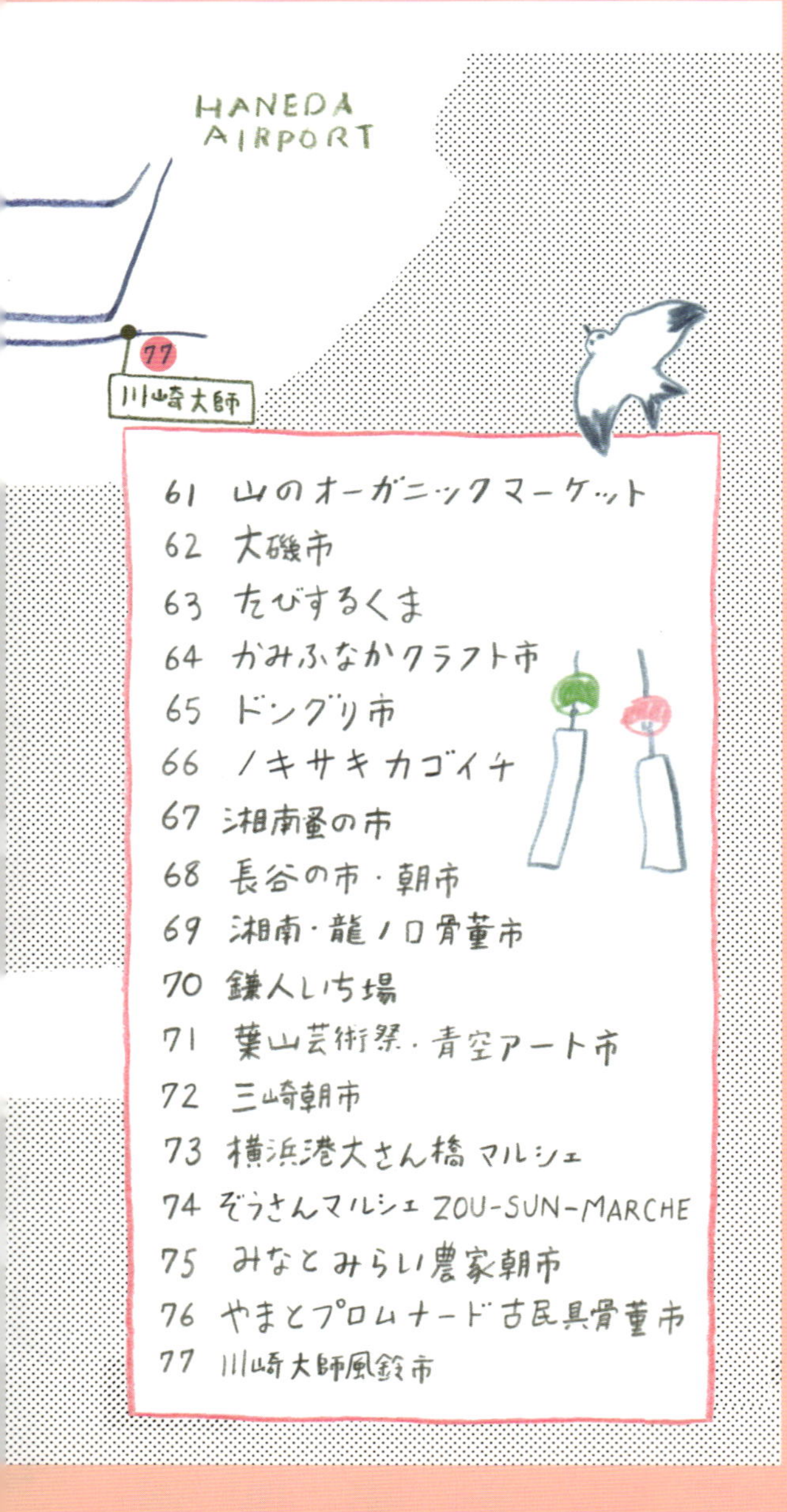
HANEDA AIRPORT
77
川崎大師
61 山のオーガニックマーケット
62 大磯市
63 たびするくま
64 かみふなかクラフト市
65 ドングリ市
66 ノキサキカゴイチ
67 湘南蚤の市
68 長谷の市・朝市
69 湘南・龍ノ口骨董市
70 鎌人いち場
71 葉山芸術祭・青空アート市
72 三崎朝市
73 横浜港大さん橋 マルシェ
74 ぞうさんマルシェ ZOU-SUN-MARCHE
75 みなとみらい農家朝市
76 やまとプロムナード古民具骨董市
77 川崎大師風鈴市

OYAMA
61
小田急小田原線
東海道新幹線
76
大和
横浜
川崎
新高島
75
73
74
中華街
東海道本線
湘南新宿ライン
江ノ電
日本大通り
伊勢原
65
香川
辻堂
67
66
藤沢
鶴岡八幡宮
横須賀線
御殿場線
64
下曽我
63
二宮
大磯
62
本鵠沼
68
鎌倉
70
69
長谷
逗子
江ノ島
和田塚
71
森山神社
小田原
京急久里浜
久里浜
SAGAMI BAY
三崎口
72

61

山のオーガニックマーケット

心と体と地球に思いを届けるマーケット

クラフト・フード

公園

春・秋

伊勢原の自然食品店「山の百貨店」と有機農家「べじたろう農場」が主催する〝山のオーガニックマーケット〟。「食べ物が心と体をつくっている。多くの人の食生活を見直すきっかけになれば」とこの定期市を企画されたそうです。

その名の通り、小高い山のような自然あふれる芝生広場には、安心安全を体現した食べ物や飲み物、自然素材のクラフトなどが集まるほか、癒しの音楽ステージ、エコロジカルなワークショップ、自然観察会などもあります。特にフード系の出店が多いのも特徴で、そのすべてにオーガニック指数（80％以上☆☆☆など）を示しています。「おいしそうだから食べてみたら、体にやさしかった」「同じ食べ物なら、これからこっちを選んでみようかな」そう思えたら一番よいのかもしれません。心と体にやさしい味や商品と思いを届ける定期市、「自分にとって健全な心と体に大切なもの」に気づき、探すことから始めてみましょうか。

A アパレルも羊毛フェルトなどの天然素材　B 音を全身で楽しむ！ まさに音楽！　C 木工のダーニングマッシュルーム（衣類修繕用の道具）でお繕いデビュー（予定）　D 化学肥料不使用の安心野菜

あんずとりんごの農園で共生する蜂の蜜

防虫消臭するクスノキ製のハト

私も愛用の草木染めのがま口

軽トラを改造したおやつ屋さん

[DATA]

開市場所：
伊勢原市総合運動公園 芝生広場
（伊勢原市西富岡320）

アクセス：
小田急線伊勢原駅北口よりバス3番乗り場「七沢行き」総合運動公園停下車、徒歩10分

開市日時：
春・秋の年2回 10時〜16時
https://www.facebook.com/iseharaorganicmarket/

ひとことコラム

会場には駐車場がありますが、公共交通機関で行く場合、伊勢原駅北口からのバス（神奈川中央交通）が1時間に1本ほどしかないので要注意。バス発車時刻前に電車が到着するよう、事前チェックがおすすめですよ。もし乗り遅れた場合の秘策は、同3番乗り場で七沢行き以外のバスなら専修大学入口停で下車を。ただし、専修大学入口からはなだらかな坂道を10分以上歩きますので頑張って！ 実は私、乗り遅れの経験あり……。下調べって大事（笑）

62

大磯市

大磯の港と街をまるごと市にする

フード・クラフト
港
毎月第3日曜

都心から約1時間、大磯駅に降り立てば、後ろに山、目の前は海！　この景色を目の当たりにすると、はるか遠くまで旅をしてきたような、最高の開放感に包まれます。目的地は、大磯漁港で行われる〝大磯市〟。よくある港の朝市だと思ったら大間違いですよ。朝どれ魚（購入には整理券が必要）や自家製干物などの海産物はもちろんですが、その先にずらっと並ぶテントやキッチンカーの数は、200店あまり！　地場野菜や特産品に、湘南地域で活動するクリエーターの作品まで、おいしいものと楽しいものが港にギュギュギュッと詰まった、新しい形の朝市にワクワクしないわけにいきません。何度来ても「いいねえ」と思えるのは、きっと出店者自身が大磯市を楽しんでいるから。「またここに出たい！」と思うほど満喫している雰囲気が、大磯市の魅力そのものになっているのですよね。食べて飲んで芝生広場で寝転んで、買い物が済んだら大磯の街へ。「大磯ざんまい」して帰りましょ。

Ⓐ人気店は早々に完売　Ⓑ県下や近県から100以上の出店希望が集まる
Ⓒ生花や野菜も並びます　Ⓓ木工から犬グッズまで雑貨ジャンルも幅広い
Ⓔ港なのに芝生もあってのんびり！

魚の炭火焼あり！
さすが港の朝市

小田原・片浦レモンサイダーでひと息

朝どれで数量限定。
人気のしらす

[DATA]

開市場所：
大磯漁港（中郡大磯町大磯1398-18）

アクセス：
JR東海道本線大磯駅より徒歩15分

開市日時：
毎月第3日曜 9時〜14時（夏季7月〜9月は夜市17時〜20時30分）
http://www.facebook.com/oisoichi/

ひとことコラム

「大磯全体を市（いち）にしよう」をコンセプトに、2010年9月から通算100回を超えた“大磯市”は、ミナト（大磯港）とマチナカ（町内店舗やギャラリー）が連携していることも特徴です。大磯市参加作家の作品を扱うショップやギャラリーとの連動企画も多数。かつては宿場町であり、のちに別荘地として栄えた街の面影は、古民家や洋館ショップに垣間見ることができます。第3日曜には街歩き「サンデーアートウォーク」を提唱、一緒に楽しんでみましょう。

63

街をおいしく元気に！　昼飲みマルシェ

たびするくま

フード・クラフト

広場

偶数月の第２土曜

大磯と小田原の中間くらいにある街・二宮。土曜日の朝、駅の南口にある静かな商店街を歩き始めると、突如にぎやかな一角が現れます。その路地にある飲食店店主と、湘南エリアで人気のフリーマガジン「海の近く」の編集発行人が仕掛ける〝たびするくま〟略して〝たびくま〟は、昔よりもちょっと静かになった二宮を元気にする「昼飲みマルシェ」です。偶数月にふらっと現れる旅人ならぬ〝たびくま〟には、地元や近隣に拠点がある食や生活雑貨などの作り手が中心に出店。中央に置かれた席のあちこちで、午前中から乾杯の声が響きます。時にはＤＪや投げ銭ライブもあり、気が付けば、偶然隣り合わせた人と盛り上がったりして。「近くに住んでいたら毎回来られるのに……」お客さんにそう思わせたらしめたもの。地元の課題に向き合った結果、より多くの人に喜ばれるものが生まれたように思います。「二宮を路地裏から楽しくする」幸せな企みはまだまだ続きそう。

[DATA]

開市場所：二宮駅南口の栄通り商店街「くまざわや」「山田食堂」「旅花」のある路地広場（中郡二宮町二宮832周辺）

アクセス：JR東海道線二宮駅南口よりすぐ

開市日時：8月を除く偶数月の土曜（主に第2土曜、変更あり）10時～15時頃

https://www.facebook.com/tabikuma2015/

ひとことコラム

「日曜日の二宮を路地裏からおもしろくする昼飲みマルシェ」こんなキャッチコピーに誘われ、初めて降り立った駅や街を楽しんでみようと思わせるのもイチのなせる技。「シャッター商店街」といわれる街が増えるなか、地元の若手のやる気やアイデアをすくい上げてくれるベテランの人たちの力量も試されている気がします。「何もやらないより、まずやってみてから考える」でもいいのでは？と思えるのです。

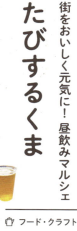

64

モノとヒトがつながる定期市

かみふなかクラフト市(カミイチ)

フード・クラフト

公園

毎月第4土曜

地域の人には「小田原球場のある公園」でおなじみの公園。ここで毎月1回、ものづくりを楽しむ人たちがつながる定期市〝かみふなかクラフト市〟、通称〝カミイチ〟が開かれています。大きな池の近く、遊歩道の両サイドに並ぶテントには、見ていておもしろいクラフト作品から、おいしそうなパンやスイーツに愛犬の無添加おやつ、個性派キッチンカーまで、いずれも丁寧につくられているものだけ、総勢100軒超が出店します。

春の新緑、秋の紅葉も雰囲気のいい園内ですが、夏は酷暑を避けて夜市に変身。東南アジアのナイトマーケットのような雰囲気も格別だと好評です。また年に数回、小田原城などに丸ごと移動しての「出張カミイチ」も定着。通算80回を超え、地域にしっかり根付くまで開催し続けてきたからこそできるスピンオフ企画。すべては来場者と出店者の〝熱〟という横糸と、〝運営力〟という縦糸でしっかりと紡がれてきた定期市なのです。

[DATA]

開市場所：上府中公園
(小田原市東大友113)

アクセス：JR御殿場線下曽我駅より徒歩15分、JR小田原駅より富士急行バス「新松田行き」西大友停下車、徒歩3分

開市日時：毎月第4土曜 10時〜16時（夏季7月〜9月は16時〜20時30分）

https://www.facebook.com/kamiichi2012/

クラフトマンが大集合。実演も楽しい！

65

ドングリ市

湘南最後の蔵元で楽しむ秋の市

フード・クラフト・グリーン・骨董

施設内広場

11月頃

[DATA]

開市場所：熊澤酒造香川本店中庭（茅ヶ崎市香川7-10-7）

アクセス：JR相模線香川駅より徒歩7分

開市日時：毎年11月頃の土曜・日曜の2日間 10時〜16時（日曜〜15時）

https://www.instagram.com/okeba_gallery/

湘南地域に残る唯一の蔵元として、日本酒やご当地ブランド・湘南ビールなどを造り続ける熊澤酒造。その敷地内には、古民家を移築したレストランや、酒樽や道具の修理用倉庫を改修したギャラリーなど、素敵な場所がたくさんあります。その中庭で毎年秋に行われる〝ドングリ市〟は、2018年秋には3回目を迎え、年々人気が高まって大盛況の定期市に。地場野菜、花やグリーン、生活雑貨や古道具、湘南エリアを拠点にする個性的なショップ、前出のギャラリーとゆかりのあるクラフト作家などが集まって始まった定期市なだけあって、長く使えるもの、ずっとそばに置いておきたいものとの出会いもありそうな気がします。そして何より、空間力の高さ！ 蔵元のレトロな建物を背後に眺めながら楽しむ定期市は、唯一無二。もちろんギャラリーやレストランも営業しています（混雑必至！）。冷え冷えの湘南ビールも飲めますので、ぜひ電車でどうぞ。

湘南界隈のショップや作り手が集合。会場の蔵元が造る湘南ビールを片手に楽しもう

66

カゴ＋カゴ＋カゴ＝笑顔の軒先市

ノキサキカゴイチ

雑貨
軒先
年3〜4回

お子さんを幼稚園に送った帰りに自転車で立ち寄るお母さんも、「さっき走ってて気になって！」と戻ってきた個人タクシーの女性運転手さん（市場カゴをゲット）も、「カゴ好きよね〜みんな」と、売る方も買う方も笑顔！　そんなフリーク垂涎のカゴものだけを楽しむ〝ノキサキカゴイチ〟が、湘南・辻堂のかわいいお店Cafe Hütteで開かれています。辻堂や茅ヶ崎などで各国の雑貨を扱うLapis（ラピス）・truck market（トラックマーケット）・Linka（リンカ）の三店主による企画。得意ジャンルを持ち寄ることは、各所の定期市へ積極的に出続けてきた彼女たちだからこそ思いついたアイデアです。タイ、ベトナム、日本といったアジアを中心にしつつ、ほかにもアフリカなど各国のデザインやサイズがそろいます。売り物のほとんどが手仕事品であることも、魅了される理由かも。時代を超え不変の愛に包まれるカゴのこと、ここなら語り合えますよ、きっと。

［DATA］

開市場所： Cafe Hütte（カフェヒュッテ）軒先（藤沢市辻堂6-3-10）

アクセス： JR辻堂駅南口より湘南辻堂海浜公園通りを海岸方面へ徒歩10分

開市日時： 年3〜4回 11時〜16時（時期・曜日によって時間変更あり）

https://www.instagram.com/cafe_hutte/

ひとことコラム

truck market の BBBag（Bach Beer Bag）は、ビールを入れてビーチに行こう！ という湘南らしい発想で、地元でヒットしているアイテム（濡れてもOKの素材）。すべて店主の手編みオリジナル！ 財布とスマホを入れて近所へ買い物や、バッグインバッグとしても重宝します。新色を見るたびに「BBBag持って愛犬とビーチに行ける距離に住みたい！」と妄想が膨らむのでした。

67

本場を再現したような蚤の市を

湘南蚤の市

Marché aux Puces de Shonan

- 骨董・グリーン・フード
- 施設内広場
- 毎月第３週の月火

藤沢駅から路線バスに乗って６分ほどで、青空に映える真っ白な建物が見えてきます。「湘南Ｔ－ＳＩＴＥ」は２０１４年にオープン。そこで毎月開かれている〝湘南蚤の市〟がとても心地いいのです。バス通りを背にして会場を見渡すと、その洒落たディスプレイは、まるで雑誌で見た記憶のあるフランスの蚤の市のよう。２０１６年からは毎月第３週月曜・火曜と平日開催になり、ほかの定期市と重ならずいいなと思っていたら、実は出店者も同様だとか。「ここの雰囲気を味わうと、絶対にまた出たい」と思うそうです。来場者も、お子さんの送迎後や家事の後に来られるマダムたちのほか、地元在住のクリエーターも仕事の合間に立ち寄るのが楽しみとおっしゃっていました。ブロカント商品に特化していて、季節の花やグリーンも華やかに雰囲気を盛り上げます。雨天時は館内の特設フロアでの開催になるので安心。ショートトリップ気分で立ち寄りたい、お気に入りの蚤の市です。

Ⓐヨーロッパの蚤の市気分を味わって！　Ⓑ洋服からインテリアまで、布物も豊富　Ⓒちょっとしたディスプレイがおしゃれだなあ　Ⓓ雨天時は館内に移動して開催される　Ⓔクラフト系も洗練されたものばかり

[DATA]

開市場所：
湘南T-SITE 屋外プロムナード
（藤沢市辻堂元町6-20-1）

アクセス：
JR・小田急線・江ノ島線藤沢駅北口よりバス2番乗り場藤04系「辻堂団地行き」または藤06系「辻堂駅南口行き」にて藤沢SST前停下車、徒歩1分、小田急線江ノ島線本鵠沼駅より徒歩15分

開市日時：
毎月第3月曜・火曜 10時〜16時
https://www.facebook.com/SHONAN.NOMINOICHI/

古いファッションブックをインテリアのアクセントに

世界中を旅してきたヴィンテージトランク

ひとことコラム

蚤の市やアンティークフェアのような定期市は「どこも同じ？」と思っていませんか？ 会場の雰囲気によって集まる客層が異なれば売れ筋も違ってくるそうで、出店者さんも微妙に商品を変えていたり、新たに仕入れた商品を追加したり、毎回同じものばかりが並ぶことはまずありません。ぜひ通い比べてみてください。ちなみに、湘南蚤の市では、大判の布物やアンティークカップなど、家のインテリアに合うものはないか探しにくるマダムも多いそうですよ。

68

長谷の街に触れる朝市

長谷の市・朝市

フード・グリーン

神社仏閣

5月・10月の第3日曜

江ノ電って、なぜだかいつも、ほかの電車とはちょっと違うワクワク感がありますよね。今回降り立ったのは長谷駅。開市を知らせるのぼりにいざなわれ向かう〝長谷の市〟は、長谷にある三つの門前商店会が主体となり春と秋に開かれる定期市です。メイン会場は長谷寺境内（要拝観料）ですが、今回は愛犬との散歩途中でも気軽に立ち寄れる、朝市会場のみ足を運びました。道中で出会ったのは、長谷の市ののぼりを持ってPRするチンドン屋さん。若いメンバーでカラフルな衣装がかわいい！　その音に促されるように春の朝市会場、光則寺へ。山門に向かう参道にお店が並びます。季節の花の鉢植えに天然酵母パン、和菓子屋のみたらし団子、おかきの詰め放題、サザエの炊き込みご飯の焼きおにぎり！　地元のお店の活気あふれる声で、朝から元気をもらえました。新緑に囲まれて、春の朝市にはぴったりな場所かも。秋の朝市・甘縄神明宮も楽しみです。

[DATA]

開市場所：春・光則寺（鎌倉市長谷3-9-7）、秋・甘縄神明宮（同1-12-1）

アクセス：ともに江ノ島電鉄長谷駅より徒歩6分

開市日時：毎年春（5月）と秋（10月）の第3日曜 8時～11時

http://hasenoiti.izakamakura.com/

老舗や新店、地元の味がいろいろ楽しめる

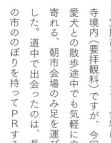

69

江ノ島駅前の骨董市
湘南・龍ノ口骨董市

骨董
神社仏閣
毎月第3日曜

たまたま第3日曜というタイミングで通りかかるなんて漫画みたいな話ですが、最初に〝湘南・龍ノ口骨董市〟を知ったのは、本当にそんな偶然からでした。「市」と記されたのぼりを見つけるのが得意技の一つなのも功を奏したようです。江ノ電・江ノ島駅の目の前、立派な山門には寺の名前にも由来する色鮮やかな龍の姿があり、そこを抜けて石段へ。緑の多い寺は数あれども、目の前に江ノ電が走り、高台に生い茂る木々の緑とその先に見える海、というロケーションにはテンションも上がり、出店数は多くないですが「何かいいものと出会えるかも」とお宝探しへの期待も生まれます。かなり古い時代のものから昭和レトロまで幅広い商品群という印象で、この日はアンティークのコーヒーミルに心奪われました。買うも諦めるも紙一重、悩みが尽きないからまた骨董市へ足を運ぶのです。その後は江ノ島で海鮮丼ブランチ、これは定番化しそうです。

レトロな意匠に愛らしさを感じる

[DATA]

開市場所：寂光山龍口寺境内（藤沢市片瀬3-13-37）

アクセス：江ノ島電鉄・湘南モノレール江ノ島駅より徒歩3分

開市日時：毎月第3日曜 7時～15時

http://www.shonan-tatsunokuchi.com/

コーヒー好き垂涎のミルコレクション

70

鎌人いち場

つながる、ひろがる市場を目指して

フード・クラフト
公園
春・秋

鎌倉の市民活動のなかで、鎌倉が好きな人や鎌倉を創る人を総称して名付けられた「鎌人《かまんど》」。老若男女の鎌人たちが集える場をつくろうと、年2回の〝鎌人いち場〟が始まりました。もちろん、鎌倉好きなら地元住民に限らず誰でも参加可能です。この年は春の回に訪問、海が目の前にある広い公園に到着すると、夏を先取りしたような太陽と、澄み渡る青い空に迎えられ、「この環境で暮らす鎌人、うらやましい！」と思わず口をつく開放感でした。海沿いの134号線と若宮大路の角にある海浜公園には、衣食住にまつわる地元ショップのブースをはじめ、クラフト作家の作品販売、マッサージなどの癒しコーナー、ファーマーズマーケットにフリマまで、食べる、知る、交わる企画がワクワクのタネのようにまき散らされていて、地域の人の地元を愛する気持ちもしっかり伝わります。なんだかうらやましい。暮らしてみたい街がまた一つ、増えてしまいました。

Ⓐとにかく広々して気持ちいい！　Ⓑ地元鎌倉を拠点とするショップや作り手が大集合　Ⓒ軽快な音色に自然とリズムを刻みながら楽しんで　Ⓓ海の街らしく、クラフトはみんなカラフル！　Ⓔ調味料を見るとつい買ってしまう。本場四川味ラー油、おいしかった！

組み合わせ自由なビーサン！

[DATA]

開市場所：
鎌倉海浜公園由比ガ浜地区
(鎌倉市由比ガ浜4-7-1)

アクセス：
江ノ島電鉄和田塚駅より徒歩5分、JR鎌倉駅より徒歩15分

開市日時：
春・秋の年2回 日曜 9時〜16時
http://kamandoichiba.com/

71

アートと地縁が紡ぐ市

葉山芸術祭・青空アート市

フード・クラフト

神社仏閣

4月・5月

葉山を中心とした湘南地域を拠点とするアーティストやクリエーターたちが参加し、さまざまな場所で各種アートイベントを開催する〝葉山芸術祭〟。ゴールデンウイークを中心に、毎年4月中旬から1ヶ月にわたって開かれます。プログラムの一つである〝青空アート市〟はクラフトとフードの定期市、葉山御用邸の近くで地域の中心的存在の森山神社が会場です。参加希望者の急増で、ここ数年は4月下旬と5月中旬の2回、計3日間開催されています。神社の境内参道を埋め尽くすブースには、陶器や木工作品、ハンドメイドアクセサリー、輸入雑貨に至るまで、どれも作り手の思いが伝わる品々が並びます。カラフルなテントの下、行ったり来たりしてあれこれチェック。最後に石段の上の方に腰をおろし、地元フードを味わいながら、全体をのんびり眺めて「みんなイチが好きなんだなあ」と実感し勝手にうれしくなってます。だから来年もきっと、またここで会いましょう。

Ⓐ参道いっぱいに出店ブースが並ぶ　Ⓑ葉山在住作家の注染手ぬぐい　Ⓒ麺、スイーツ、ワイン！ 目移りする屋台村フード　Ⓓジャズモチーフの版画は「好きが高じて」始めたそう

キューバサンド
でブランチ！

手づくり作品のほ
か、世界中の雑貨
も大集合！

[DATA]

開市場所：
森山神社境内（三浦郡葉山町一色2165）

アクセス：
JR逗子駅東口京浜急行バス2番乗り場 逗2・4・5・6・7系：旧役場前停下車、徒歩2分

開市日時：
葉山芸術祭（4月下旬～5月中旬）期間中、PART-1・PART-2に分けて開催 10時～17時
https://www.hayama-artfes.org/

ひとことコラム

1993年から続く葉山芸術祭の運営は住民主導。「アートと地縁のコミュニティ」というテーマで、住民みんなが「つくる人」であり、「見る人」であり、「手伝う人」であると定義しています。湘南エリアは東京に比べてどこもコミュニティ力が強いなあとうらやましくもあります。各種アート展も、一日葉山めぐりを計画してぜひ訪れてみたい。また、森山神社では同じく地元有志運営により、毎週土曜に朝市も開かれています。ゆるっとした朝市、こちらもぜひ（森山神社土曜朝市 毎週土曜 9時30分頃～12時頃）。

72

三崎朝市

海と大地の恵みあふれる港の朝市

フード
港
毎週日曜

三浦半島の先端にある三崎漁港は、日本有数のマグロ取扱い高を誇ってきた港です。そこで毎週日曜に行われている〝三崎朝市〟は、マグロ推しではありながら、実はそれだけではないバラエティに富んだ朝市です。スタートは早朝5時、到着早々にぎやかな声が飛び交い、眠気も吹き飛ぶのでご安心を。マグロ専門店だけでも6〜7店、ほかに旬の魚もいろいろあって箱買いしたくなる衝動を抑えるのがいつも大変！　冬はダイコン、春はキャベツ、季節ごとの三浦野菜も魅力。また、朝市名物の朝ごはんメニューなどイートインメニューも多いのですが、どちらも売り切れ御免、何度来ても、食べてから買うか、買ってから食べるか迷うんですよね。早く行けば豊富な種類から選べる海鮮類ですが、開市後半にはまとめて格安になることも。これだから朝市は楽しいんですよね。買って、食べて、また買って。本日も大漁、早起きの勝利です！

Ⓐ三浦産をはじめ新鮮野菜も格安で　Ⓑぷりぷりのコハダも山盛り500円！　Ⓒ三崎といえばマグロ！ 朝市名物ぶっかけ丼　Ⓓ鮮魚に干物、朝ごはんにお花まであり。終了間際にはサービスしてくれることも!?

三浦の水茄子は
生食が美味

後半大特価で
まとめ買い

サザエは蒸して
いただきます

[DATA]

開市場所：
三崎港・三崎朝市会場
（三浦市三崎5丁目3806先）

アクセス：
京浜急行電鉄三崎口駅よりバス2番乗り場「三崎港」「通り矢」「城ケ島」「浜諸磯」行き 三崎港停下車、すぐ（開市中のみ無料駐車場あり）

開市日時：
毎週日曜 5時～9時（年初第1日曜のみ休市）
http://www.misaki-asaichi.com/

ひとことコラム

さらに盛り上がるのが年末の朝市拡大版“ビッグセール”。この期間だけは時間も店舗数も拡大、おせちの材料など正月準備の品々も多数並びます。ただし人も車も渋滞必至。いつもより長めにやっているからとのんびりせずに、ここでも早朝を目指しましょう（例年12月28～30日 5時～16時30分）。

73

横浜初の岸壁市場！ 集う思いと食を紡ぐ

横浜港大さん橋マルシェ

フード
港
年4〜5回

愛犬の散歩がてらによく立ち寄った横浜港大さん橋国際旅客ターミナル。見晴らしが最高な屋上オープンデッキ「くじらのせなか」が好きで、ここから出航する国際客船を見送ったこともありました。まさにその国際客船が接岸する巨大な岸壁、通称エプロン（通常は入場不可）で、2017年に〝横浜港大さん橋マルシェ〟※はスタートしました。おもしろい場所に目をつけたもので、張り出したひさしが雨よけにもなり、急な雨にも対処できて安心です。食べることに特化している定期市なだけあって、地場の野菜や特産品のほか、地方都市の隠れた物産品を応援するなど、国産素材を扱う出店者を中心に募っています。神奈川の魚に関する情報発信も行っていたり、キッチンカーや、大道芸や投げ銭ライブもあったりと、盛りだくさん。テーブル席も多く用意されているので、グループで来ても楽しいかも。海を眺めながら乾杯といきましょうか。

※マルシェ自体はペット同伴不可

Ⓐ全国産品応援・神奈川など、キーワード別に店が並ぶ　Ⓑ珍しい野菜の食べ方は教えてもらおう　Ⓒ「チーズと食べてごらん」…うまい！ 人参いぶりがっこ初体験　Ⓓ気仙沼から来たのは「サメバーガー」!?　Ⓔいろいろ詰め放題は楽しいね

クラフトビールも横浜・戸塚産！

小さな牛の正体は窯焼きピザ！

世界のワインなど国際港らしい物産品も

[DATA]

開市場所：
横浜港大さん橋国際旅客ターミナル 山下公園側エプロン（岸壁）（横浜市中区海岸通1-1-4）

アクセス：
横浜高速鉄道みなとみらい線日本大通り駅3番出口より徒歩7分、横浜市営バス大桟橋停下車、徒歩3分

開市日時：
年4〜5回 土曜・日曜 10時30分〜16時
（客船接岸スケジュールにより変更あり）
https://osanbashi.jp/marchais.php

ひとことコラム

訪日外国人の急増や、豪華客船でのクルージングの旅が増えたこともあり、国際客船が多く出入りするそうで、エプロン使用のスケジュール確保も難しくなってきているとか。みなとみらい側の岸壁利用や開催のタイミングを考慮する月も出てきそうですが、唯一無二の会場ですから、時候のいいときは屋上デッキでミニマルシェをやるなど、ぜひアイデアを駆使して継続していって欲しいです！

74

ぞうさんマルシェ
ZOU-SUN-MARCHE

共有と発見、つながるマルシェ

フード・雑貨
施設内
毎週日曜

ずっと観光客向けの施設だと思い込んでいて、中に入ったことがなかった「象の鼻テラス」。実はアートスペースを兼ね備えた交流拠点、誰もが気軽に入れるところだったのです。ある日曜、通りかかった際にふとのぞいてみて発見！ 窓際にかわいらしい木製のワゴンが並ぶ〝ぞうさんマルシェ〟、毎週日曜限定でクリエーター直販のお店が開かれていました。スイーツやアクセサリーなど計3～8店ほどの規模ですが、毎週の定期開催は貴重で、「日曜日に近くに行ったら寄ってみよう！」という楽しみにもつながります。ベトナム、マレーシアにフランス、モロッコ、メキシコやポルトガルなど、一つの国をテーマにしたマルシェや陶器市といった特別企画の回も楽しそう。観光客に限らず、お散歩するご近所さんや、仕事で通る人も、気づかず素通りしてしまう人がいるのはもったいない！「ここでマルシェやってるよ！」と、みんなに届きますように。

[DATA]

開市場所：象の鼻テラス（横浜市中区海岸通1）

アクセス：横浜高速鉄道みなとみらい線日本大通り駅出口1より徒歩3分

開市日時：毎週日曜 11時～16時（他イベントなどの都合により変更あり。特別版は土日2日間の場合もあり）

https://www.zounohana.com/pj/zousunmarche.html

大さん橋からもすぐ。散策ルートに追加しよう！

75

みなとみらい農家朝市

新鮮野菜で地域コミュニティを応援

フード

公園

毎月第4日曜

以前、車で通りかかったとき、立ち並ぶ高層マンションと同じくらいの広さの空き地（工事中）との対比が不思議な印象だった横浜・新高島。実は、みなとみらい地区は再開発が続いていて、特に新高島エリアは2020年頃、横浜屈指のオフィス街に進化するらしいのです。そんな場所で朝市と聞いて、にぎわっているのかと半信半疑でしたが、到着してびっくり。開始早々に行列が出るほどの盛況ぶりなのです。少数出店ながら、地元横浜の農家が中心になって開催され、安くて種類も豊富。この日はパン屋さんもいたのでサンドイッチと、珍しい野菜を育てる農家さんから、ロマネスコやリーキ、赤キャベツを購入。米・味噌・卵も売っていて、日曜ブランチの材料もすべて調達できそうです。「うちはここでまとめ買いなの」とシニア世代のご夫婦も、愛犬と仲良くお買い物。地域交流の場として根付いた感じがとてもよかった朝市、新しい街が完成しても続いて欲しいな。

[DATA]

開市場所：高島中央公園（横浜市西区みなとみらい5-2）

アクセス：横浜高速鉄道みなとみらい線新高島駅より徒歩2分、横浜市営地下鉄高島町駅より徒歩10分

開市日時：毎月第4日曜 9時〜10時30分（6月〜8月・10月・12月は第2日曜も開市。商品がなくなり次第終了。悪天候や催事により休市の場合あり）

旬の採れたて野菜が100円から！

76

やまとプロムナード古民具骨董市

300の店から自分だけのお宝探し

骨董
ストリート
毎月第3土曜

遠い記憶に残っていたのが、おうちをリフォームする番組。少ない予算の中、いかにおしゃれに仕上げるかという課題に、職人が向かった先が〝やまとプロムナード古民具骨董市〟だったというものでした。番組内でもおもしろいものを見つけたように覚えていて、いつか行こうと思っていた定期市は、もう20年以上も続いている老舗だったのです。会場は、大和駅を挟むように東西に伸びるプロムナード（遊歩道）。全国からやってくる総勢300以上もの骨董商のお店で、広いプロムナードも先が見えないほど混雑しています。駅前広場を開放できるのは、地域との連携があってこそ。骨董ファンだけでなく、駅へ寄った流れでのぞいてみる人も多そうです。和骨董がメインですが、欧米アンティークの掘り出し物も。骨董以外での変わり種の発見は、ラクダの毛から紡いだ毛糸、温かいんですって。まだまだ発掘できそう、また来なきゃ！

つい欲しくなるハッピー顔

[DATA]

開市場所：大和駅前東西プロムナード（大和市中央～大和東）

アクセス：小田急江ノ島線・相模鉄道本線大和駅よりすぐ

開市日時：毎月第3土曜 6時～16時

http://www.yamato-kottouichi.jp/

民芸の動物にもよく会います

出店数が多いので時間をかけてめぐりたい

77

川崎大師風鈴市

900種3万個の風鈴の森へ

縁起物（風鈴）
神社仏閣
7月第3週

川崎大師の夏の風物詩として親しまれている〝川崎大師風鈴市〟。毎年7月の5日間、全国47都道府県の風鈴が一堂に会します。境内の特設会場では、ガラス、陶器、金属など、異なる素材やデザインの風鈴が格子状の天井につるされ、まるで風鈴の森のよう。それぞれに風を当てて、音の波に揺られながら、音の違いを確かめます。伊万里、有田、清水、信楽など、全国の焼き物産地が送り出した風鈴が勢ぞろいするのも圧巻です。

後で知ったのですが、風鈴の起源は、寺の軒などにつり下げられている「風鐸《ふうたく》」。風で音を出すことで、悪いものが建物の中に入らないようにする魔除けの意味があるのだとか。涼音で暑気払いするだけかと思いきや、家の軒先につるすのは家族を守るためだったのですね。今回はお守りだけでしたが、次回、ピンとくる音に出会えたら風鈴を買ってみよう。買い替える場合は、「風鈴納め所」へ納めるとご供養してくださるそうですよ。

風鈴型のお守りは紅白の２種類

［DATA］

開市場所：金剛山金乗院平間寺（川崎大師）境内特設会場 大山門横静嘉堂石庭前広場（川崎市川崎区大師町4-48）

アクセス：京急大師線川崎大師駅より徒歩8分、JR川崎駅東口バス７番乗り場より川23系統「大師行き」大師停下車、徒歩８分

開市日時：毎年７月第３週の水曜〜日曜 10時〜18時（土曜〜20時）

http://www.kawasakidaishi.com/

日本全国から集まった風鈴は圧巻！

神奈川の仕掛け人が市を興す理由、続ける理由

62大磯市、63たびするくま（たびくま）、64カミイチの仕掛け人が考える、
おもしろみのある定期市のヒントとは？

○故郷を一から掘り起こす

相模湾沿岸、西湘育ちの彼は、結婚を機に暮らしも仕事も西湘をベースにし始めた。改めて地元を掘り起こしてみたらおもしろい種がたくさん落ちていたという。定期市づくりの起因は、地域活性化なんて薄っぺらな言葉ではなく「好きなことを好きな街で始めてみた」ということかも。

○「好き」を多面的にキャッチ

地元の仲間と一緒に立ち上げた大磯市。その経験を経て、自分の好きな「クラフト」「食」に特化した“カミイチ”を開市。やがて「お酒」も加わり、ラフに地元でわいわい“たびくま”も。「好き」を多面的に見るといろいろなワクワクが生まれてくる。

○つながりから生まれる確かなもの

その日その場所でなければ出会えなかった作り手やクラフト。そこでの小さな交流がやがてその人の人生の1ページに刻まれていく。会場で見られるたくさんの笑顔が、街や訪れた人の大切な財産になる。そんな多くの実感が続ける力にもなる。

○地域の人みんなで楽しむ

“たびくま”では、必ずチラシを町内の掲示板に貼って回る。それは、地域のお年寄りにも知ってもらうため。DJの脇でおじいちゃんやおばあちゃんも「外で食べるメシはうまいねえ」と舌鼓。地域のみんなでにぎやかに楽しめることこそ、最大の地元貢献。

○街をにぎやかすヒントを散りばめる

狭い場所だからこそ「お近づきの印」で生まれる会話、老若男女に呑んべいも下戸も楽しいなど、“たびくま”は街をにぎやかすヒントであふれている。「今日来て楽しかった人が、近所でちっちゃなイチを始めないかな」そんな楽しい連鎖も期待している。

＼この人に聞きました／

神奈川のイチ仕掛け人
塩谷卓也さん

湘南・西湘地区情報誌「海の近く」編集発行人。62大磯市、63たびするくま、64カミイチを企画・運営している。

（多彩な定期市を手がける塩谷さん。つながり力といろんな掛け算が生み出すパワーに敬服。イチ好きでいてくれて、ありがとうございます！ by シバヤマ）

COLUMN-5

エコも楽しく！ カゴとトートバッグ

あんなカゴこんなカゴ、そしてトートバッグ……。

レジ袋を減らす一助になることはもちろんだけれど、カゴやトートバッグはイチの相棒みたいなもの。楽しいし頼りなるから、いつも連れて歩きたいのです。

かわいい顔して丈夫なヤツから、つい見せたくなるファニーなデザインまで、お気に入りを見つけたら、聞こえてくるはず。「ワタシヲイチニツレテッテ！」

市場カゴ

最近、巷でも人気のベトナムのカゴは、もともと現地の魚市場で魚と氷を直にドバッと入れて運ぶのに重宝されていたそうです。軽くて水や汚れにも強いので、イチめぐりでも大活躍。気兼ねなく床置きができ、底が平らでしっかりしていて、卵や器などの割れ物や、軟らかいものを運ぶのにも安定感があり安心です。

軽くてかわいくてタフなヤツ！長年愛用のベトナムの市場カゴ

不織布のジョンレモン！買った理由はジョンではなく、大のレモン好きだから。とあるイチで見つけたお気に入り

NO DOG NO LIFE！愛犬が同伴できないときにはこのバッグを持って

アジの干物を転写したおもしろいトートバッグ。食いしん坊の心をわしづかみ！

トートバッグ

薄手のナイロンやコットン製なら、ハンカチを持つ手軽さでいつもバッグに入れておけます。また、ファッションに合わせたり、ちょっと笑えるデザインを選んだりするなど、気分で持ちかえられる気軽さも。持ち手が長めだとひょいと肩にかけられて便利ですが、手に持ちかえたりしゃがんだりした際に、うっかり地面にぶつけてしまうことも（骨董市で買ったばかりの皿をそれで割って泣いたのは私です。みなさんもご注意を！）。軽くて通気性がよい不織布バッグは、大きめの洋服や野菜を運ぶのに柔軟性があってGOOD！

千葉の市場さんぽ

CHIBA

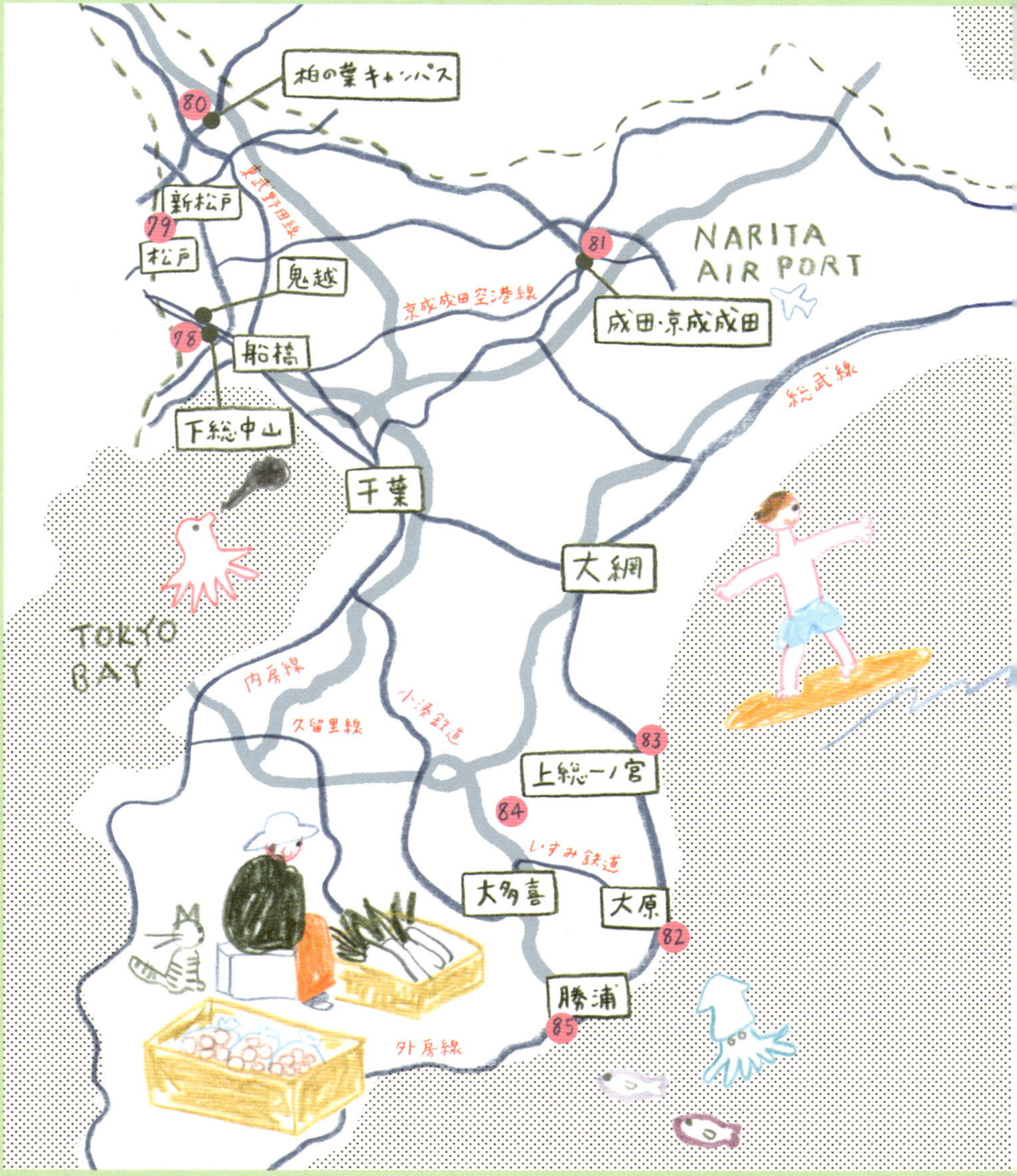

柏の葉キャンパス
80
新松戸
79
松戸
東武野田線
鬼越
78
船橋
下総中山
京成成田空港線
81
成田・京成成田
NARITA AIR PORT
総武線
千葉
大網
TOKYO BAY
内房線
久留里線
小湊鉄道
83
上総一ノ宮
84
いすみ鉄道
大多喜
大原
82
勝浦
85
外房線

78

クラフト作家を育む野外工芸市の先駆け

工房からの風
craft in action

クラフト・フード

施設内広場

10月

ものづくり経験のない私が「クラフト」について注目し始めたのは、十数年前に訪れた〝工房からの風 craft in action〟からでした。市川市にある商業施設「ニッケコルトンプラザ」には、かつて毛織工場だった時代からの鎮守様と自然が残り、今は穏やかな時間が流れる庭として受け継がれています。そこにつくられたギャラリーが主体となって2001年にスタートした野外工芸の集いが、クラフト市の先駆けである〝工房からの風〟です。

毎秋、ここで作家自らの手で直販される品々は、木、革、陶、染織、ガラス、紙、フェルトなど、素材も表現方法もボーダーレス。草木やハーブが生い茂る中を回遊するようにテントが配置されていて、見てまわるごとにその魅力が日常になじんでいくように思います。新たな作家に毎年必ず出会えることも楽しみの一つかも。作り手にとって登竜門であり切磋琢磨にも大切な場を、使い手としてこれからも見守っていけますように。

Ⓐ各作家が醸し出す個性の共演　Ⓑ土などの自然素材でつくり上げられた作品たち　Ⓒ屋外で見る衣装は日常の風景に溶け込む　Ⓓ各種ワークショップはどこも盛況

小さなアート空間が装飾品の中にも

繊細な手仕事に惚れ込んでしまう

さわやかに染め上げられた多用布

[DATA]

開市場所：
ニッケコルトンプラザ・ニッケ鎮守の杜を中心とする屋外会場（市川市鬼高1-1-1）

アクセス：
京成線鬼越駅より徒歩5分、JR・都営新宿線本八幡駅・JR下総中山駅より徒歩10分、本八幡駅北口よりシャトルバスあり

開市日時：
毎年10月の土曜・日曜の2日間 9時〜16時
http://www.kouboukaranokaze.jp/

ひとことコラム

“工房からの風”は、メセナアワード2016メセナ大賞（「日常に結びついた工芸に着目し、新人作家の登竜門と育成にも貢献」公益社団法人企業メセナ協議会）、2017年度グッドデザイン賞（「工藝と庭を巡る人の輪作り」公益財団法人日本デザイン振興会）を受賞。作り手に場と機会を提供し続けてくれたことで、私たちはいろいろなクラフト市でまた彼らに出会うことができていると思うのです。これからもその巣立ちを、定期市を通じて見届けていけたらと思います。

79

やがて消えゆく場所に残す楽しい記憶

おこめのいえ 手創り市

クラフト・フード

施設内広場

年5～6回

松戸はかつて宿場町として栄え、街道沿いには古い商家や民家がありました。それらが年々姿を消すなか、旧原田米店は約100年も残ってきました。地域に長く愛され、オーナーが大切に育んできたこの古民家をもっと知ってもらおうと、地元有志が2014年に始めたのが〝おこめのいえ 手創り市〟です。現在はレンタルスペースとして運営されているこの古民家の脇が入口。そこから細長く続く庭や、その先の広い裏庭が会場です。装飾雑貨やスイーツなど、主な出店者は地域の作家やお店の方々で、全員で協力しあって一緒につくり上げることも出店の条件だそうです。貴重な場所で開催することへのリスペクトがあってこそ、という思いが伝わります。小さな和室も開放され、乳幼児を連れても安心して楽しめそうです。周囲のマンションに囲まれながら、空間と人びとが醸し出す居心地のよさに、「もう少し残っていてくださいね」と願うばかりです。

Aテーマに合わせた装飾もみんなでつくります　B似顔絵イラストはファミリー層に好評　Cごはんや動物など毎回のテーマ作品も並ぶ　D子ども服オーダー店のオリジナル商品　ESNS発信を想定して設けられたフォト小物

レトロかわいいフライヤーでご近所さんにご案内

おいしそうな地元産の野菜がずらり！

[DATA]

開市場所：
古民家スタジオ・旧原田米店
（松戸市松戸1874）

アクセス：
JR松戸駅西口より徒歩5分

開市日時：
年5～6回 日曜 11時～16時
https://www.comeichi.com/

ひとことコラム

銭湯、古民家、代々続いた店など、惜しまれながらなくなった場所はたくさんあります。しかし、そこで行われていた定期市のことは印象とともに記憶に留まり続けています。今もそしてこれからも……。「やがて消えゆく場所をもうひと花咲かせる機会」としての定期市は、地域に住む人はもちろん、定期市がきっかけでその場所に興味をもって訪れる人にとっても「場所の記憶の保存法」として有効だと思います。あなたの街にもそんな場所はありませんか？

80

巡市 meg marché

利根川水系の食と人とがめぐりあう場所へ

フード

広場

毎月第1土曜

つくばエクスプレス柏の葉キャンパス駅から、国道16号線方面へ線路沿いにてくてく歩くと、やがて高架と交差するように広がる「柏の葉T-SITE」が見えてきます。蔦屋書店の複合施設として2017年春にオープンし、翌2018年から食の定期市〝巡市 meg marché〟が始まりました。会場では、千葉県内をはじめとした利根川水系地域の生産者や料理人たちによる、毎日の食が楽しくなるような品々とアイデアが提供されています。子育て中の食に関心の高い人たちの姿も多く、カラフル野菜から古代米まで、特にオーガニック系や無添加品に注目が集まっていました。巡市ロゴも川と田んぼをイメージしたもの。丹精込めてつくる生産者たちと交わす言葉が、日々の食をちょっと豊かにしてくれるのです。気軽に座れる場所もあるので、キッチンカーやパン屋をはしごして、青空の下で食べられるのもうれしい。進化し続けそうな予感、これからが楽しみです！

Ⓐ利根川水系地域の豊かな自然で育った野菜たち　Ⓑスイーツにも健康素材をふんだんに使用　Ⓒ米どころ千葉のこだわり自然栽培米　Ⓓ地元のパンやスイーツ店も参加

「きれいな色ね」と旬を楽しむきっかけにも

フードトラックもかわいい！

[DATA]

開市場所：
柏の葉T-SITEメインテラス（柏市若柴227-1）

アクセス：
つくばエクスプレス柏の葉キャンパス駅より徒歩7分

開市日時：
毎月第1土曜 10時～16時
（季節により開市時間変更の場合あり）
https://store.tsite.jp/kashiwanoha/

ひとことコラム

新しい街で定期市が果たす役割は大きいように思います。柏の葉キャンパスエリアは、新興住宅地ながら住みやすさなどのランキングで上位に挙がる街。そのなかで上手にイチ文化が育まれています。移住を考える人にとってまず大切なのは、リアルな地元を知る機会。人と情報が交差する定期市は、最高の情報収集場所になるはずです。この街では"巡市"のように食の市から古物の蚤の市までジャンルも多彩。そこでの出会いを暮らしに生かしてもらえたらいいなあ。

81

成田山開運不動市

縁起を担ぐご縁日の骨董市

骨董
神社仏閣
毎月28日

成田山新勝寺は、歌舞伎の市川家「成田屋」でもおなじみの由緒あるお寺。成田駅から続く長い表参道には、風情あるたたずまいの建物が軒を連ね、歌舞伎にまつわるデザインが多く使われています。そしてたどり着くのが総門。その向かいで、お不動様のご縁日（28日）に開かれるのが〝成田山開運不動市〟です。着物や絵付皿、古い生活道具と、和骨董で構成された40〜50店ほどが並びます。まず参拝して引いたおみくじは大吉！

いい気分で不動市へ戻ります。外国人観光客も興味津々、多くの参拝客が立ち寄っていました。この日は手のひらに乗るような小さな仏像や七福神などが目につきます。なかでも両手を挙げた福々しい布袋様にとても惹かれたのですが、店主不在で戻らず。時間切れであきらめたのですが、おみくじを見返すと、恋愛欄は「急いではいけない」、ご縁がなかったのでしょうね。次回はゆっくり、名物のうなぎや参道グルメも楽しみたいな。

［DATA］

開市場所：大本山成田山新勝寺総門前広場（成田市成田1）

アクセス：JR・京成線成田駅より徒歩15分

開市日時：毎月28日 7時〜15時頃（1月を除く）

http://www.kotto-rakuichi.com/nari.html

小さな古道具や置物は見るだけで楽しい！

82

大原漁港・港の朝市

新たな朝市でいすみの幸に舌鼓

フード

港

毎週日曜

港が舞台の朝市としては、ニューフェイスといってよいかもしれません。2016年4月に誕生した〝大原漁港・港の朝市〟は、扱う海産や農産物、加工品がすべていすみ市産、「いすみブランド」の周知を目指した朝市です。港に到着すると、朝8時にはもう人だかりができています。いけすをのぞけば大きな伊勢海老が！　大原漁港は伊勢海老の漁獲高日本一なんですね。その横ではアジ、サバ、ホッケと、つくりたての干物を網焼きで試食提供中。「試食は積極的に」が朝市のマイルール、「ごちそうさま、トロサバ買います！」

次は、漁協婦人部特製・名物たこめし。いすみ沖で獲れるタコは隠れた名産といわれ、丸ごと豪快に茹で上げたものも！　今回はまずたこめしをお土産に。そして、カニ汁をすすりながら※「じあじあ?」「いすみメンチにアジフライ！」と、品定めは続きます。その場でバーベキューなどイートインも充実、空腹出動が絶対条件ですよ。

唐揚げ仕立てのタコ！

[DATA]

開市場所：大原漁港荷捌所（いすみ市大原11574）

アクセス：JR外房線大原駅より徒歩20分（駐車場あり）

開市日時：毎週日曜 8時～12時（年末年始・秋季祭礼・荒天を除く。開市場所・時間の変更、臨時朝市開催の場合あり）

http://minato-asaichi.com/

生かボイル済みかを選べる伊勢海老

※いすみ市の郷土料理のさつま揚げ

83

海岸沿いの陽気なマーケット

渚のファーマーズマーケット

フード・クラフト・雑貨

広場

春・秋

一宮海岸はサーフタウンといわれるほど、サーファーに大人気のエリア。夏は海水浴客も多く訪れます。その海岸沿いで企画されたのが〝渚のファーマーズマーケット〟です。タイトルにもあるように、運営メンバーに地域の若手農家、すなわち渚のファーマーズたちが加わって、地元を盛り上げようと２０１２年にスタートしました。遠方からのマーケットファンには、外房の入口で「海も畑もすぐそば」をPRします。当初は7月開催もありましたが、3年目あたりから春と秋で定着、16回と回数を積み重ねてきています。乗馬体験、トランポリン、ワークショップやフラダンスのステージなど、キッズ参加メニューも豊富で、お祭りみたいな楽しさ！　房総各地から集まったグルメや雑貨、計１００店をめぐったら、ファーマーズたちの野菜を買ってコーヒーとホットドッグを持って海辺へ。爽快な気分！　気持ちのいい休日を過ごせること間違いなしですよ。

上総一ノ宮土産の張り子

[DATA]

開市場所：一宮海岸広場
（長生郡一宮町船頭給2512-81）

アクセス：JR外房線上総一ノ宮駅からタクシーで6分（駐車場あり）

開市日時：春・秋の年2回 10時～16時
（終了時刻が変動する場合あり）

https://www.facebook.com/nagisafarmer/
https://ameblo.jp/nagisafarmer/

子どもの乗馬体験には長蛇の列！

84

房総のお米に感謝するニッチな定期市
RICEDAY BOSO

フード・クラフト
施設内
11月下旬

晩秋の房総でおもしろい定期市を見つけました。新米や米にまつわるおいしいものを直販するイチ〝RICEDAY BOSO《ライスデイボーソー》〟です。観光客にも人気のある大多喜町のハーブ園が、この日だけは米一色！ 2018年に3年目（フライヤーには「3杯目」って書いてある！）を迎え、楽しみに待っていたお客さんでいっぱいでした。農家をはじめ米関連の作り手たちと交流しながら、米に感謝し、おいしい一日を過ごす定期市。新米はもちろん、餅、米粉のパンやスイーツ、古代米、ご飯のお供から陶器のお茶碗まで、米にまつわる品々を携えて30店舗以上が集結。関東一の早場米《はやばまい》の産地で、郷土料理は太巻き祭りずしと、千葉は米と縁の深い土地柄。濃密な「米愛」に触れることができました。現地では米粉スイーツなどをいただき、自然農法玄米とインディカ米をお持ち帰り。年に一度のお米ざんまいのお楽しみ、おいしかった！（手のひらを合わせて）「ごちそうさまでした！」

米粉スイーツも進化中

[DATA]

開市場所：大多喜ハーブガーデン（夷隅郡大多喜町小土呂2423）

アクセス：いすみ鉄道大多喜駅よりタクシーで5分、大多喜駅（久保停）小湊バス茂41系「茂原駅南口行き」または茂原駅南口バス1番乗り場「市野々経由大多喜駅行き」ともに小土呂停下車、すぐ

開市日時：毎年11月下旬の日曜

http://herbisland.co.jp/

のぼりも看板も、米愛にあふれた素敵なイチ！

85

勝浦朝市

定期市の原風景を外房に訪ねて

- フード
- ストリート
- 毎日（水曜・元日を除く）

輪島や高山と並んで日本有数の朝市と称される〝勝浦朝市〟は、勝浦漁港近くの通り沿い数百メートルの、規模は大きくないけれど滋味深さは満点の朝市です。野菜や魚の見分け方やおいしい食べ方を教えてくれる、売り子のおばあちゃんたちとの会話も味わいの一つ。初めて伺ったとき、「形は悪いけどかわいがってつくってるから」としわくちゃの手で渡してくれたトマト、太陽の味がするなあと思ったものです。ひいき目かもしれないけれど、「朝市って素敵だ！」と思った最初の場所、イチめぐりを始めたきっかけになった朝市でもあります。前回買った手作りこんにゃくも本当においしかった。おばあちゃんのつくり方は門外不出!? 一緒にお店番をしていたお嫁さんにどうか伝えて絶やさないでね。月の前半と後半で会場（通り）が変わるのでご注意を。店数も顔ぶれも、日によって変わるかもしれませんが、そのときの一期一会を素直に楽しんでいただけたらなあと思います。

Ⓐ旬の魚もひと盛の量がどっさり！　Ⓑどれも新鮮な収穫したての野菜　Ⓒ苔玉に天然キクラゲ、山の恵みに囲まれて

こんにゃくとゆず、おいしかったよ！

「これがいいかね？」聖護院かぶら

楽しいおしゃべりも朝市名物

寒い中でもお店番

次の世代に伝えることをどうか絶やさないで

[DATA]

開市場所：
下本町朝市通り（毎月1～15日）
仲本町朝市通り（毎月16日～月末）
（勝浦市勝浦区下本町・仲本町）

アクセス：
JR勝浦駅より徒歩10分（市営駐車場は6時30分より利用可能）

開市日時：
毎週水曜と1月1日を除く、毎日6時～11時頃
（天候などによって変動あり）

ひとことコラム

まもなく430年を迎える、歴史ある朝市。一方で「昔ほどにぎわってないんじゃない？」なんて声も聞こえます。しかし、一ファンとしては、勝浦の朝市は若い人がイマドキの感覚を持ち込むより、今のまま滋味深くいて欲しいと思うのです。自分の親よりも年上の作り手がほとんどで、毎日畑に通って一生懸命育てた作物をその手から買えるだけでありがたいって思えます。そっけないかもしれないけれど、それを素直に楽しみたい。もちろん引き継いでくださる人があってこそではあるのですが。難しい課題です。

千葉イチストーリー

夷隅・長生地域の六斎市

古くから生活に根付き営まれてきた朝市
千葉に伝わる六斎市には原風景が残ります

夷隅《いすみ》・長生《ちょうせい》地域には、江戸時代から継承されてきたといわれる六斎市（1ヶ月に6回市日がある定期市）が、盛衰を繰り返しながら今も息づいています。現在は、規模も小さく細々という印象があったとしても、朝市好きにとっては（大げさなようですが）聖地と呼んでもいいほどの貴重な定期市です。機会があればぜひ訪ねてみてください。「この時期は何が採れるの？」「おすすめの食べ方は？」など、歴史を背負ってきた方々との会話そのものが朝市の醍醐味だと思います。ぜひ話を聞き、野菜や加工品を食して、続けていらっしゃる方々に敬意を表していただけたら。こうした歴史ある朝市は、買い物だけではなく、その文化に触れることも魅力の一つです。本書でご紹介することで、継承の一助に少しでもなればうれしく思います。

「素晴らしき定期市文化をぜひ後世に！」と朝市ラバーの思いを込めて。

大原の朝市

- 毎月3と8のつく日
- 大原八幡神社境内
- JR大原駅より徒歩10分

長者の朝市

- 毎月4と9のつく日
- 県立大原高等学校岬キャンパス付近
- JR長者駅より徒歩5分

椎木の朝市

- 毎月2と7のつく日
- 椎木商店街・岬中学校近く
- JR太東駅より徒歩6分

苅谷の六斎市

- 毎月1と6のつく日
- いすみ市苅谷公園
- いすみ鉄道国吉駅より徒歩5分

大多喜の朝市

- 毎月5と10のつく日
- 夷隅神社境内
- いすみ鉄道大多喜駅より徒歩7分

*いずれも開市時間は主に午前中のみ

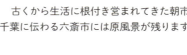

COLUMN-6

子どもとイチ

ものがどのようにつくられるのか、また、長い年月をどのように受け継がれてきたのかなど、現代の子どもたちの多くがリアルに想像しにくい現状があります。それに対して大人たちも、果たしてどうやって伝えていけばいいのか、悩むところです。そんなときにはイチへ行きましょう。そこはまさにものづくりと、長い年月を超えてきたものを伝える現場の最前線。農産物やクラフト、骨董のプロフェッショナルが集います。格好の学びの場が、実は身近にあるのです。イチめぐりに慣れないお父さんやお母さんも、心配しないで。ネットで調べるよりも、お子さんと一緒に現場で一から学んでみましょう。「これ、どうやってできているんですか？」と、子ども目線で尋ねてみて。ちょっとした好奇心さえあれば、イチの神様が背中をヒョイッと押してくれるはず。お子さんの「好きの種」が芽生えるかも知れませんよ！

埼玉の市場さんぽ

JUICE
大宮
さいたま新都心
東川口
武蔵野線
浦和
86
南浦和
武蔵浦和
湘南新宿ライン
東北新幹線
川口元郷
88
赤羽
王子

87
川越市
本川越
埼京線
川越
西武新宿線
東武東上線
荒川
朝霞台
所沢
TOKYO
86 浦和宿ふるさと市
87 川越成田不動尊蚤の市
88 (ARTISAN)
FARMERSMARKET KAWAGUCHI

86

うさぎが見守る浦和宿の蚤の市

浦和宿ふるさと市

骨董・雑貨
公園
毎月第４土曜

隣接する神社名は「調《つき》」神社で、隣接する公園の名前は「調《つきのみや》」公園。実は、地元では神社のことも古くから「つきのみやさん」と呼ばれ愛されているそうなのです。少しややこしいですが〝浦和宿ふるさと市〟の会場は調公園一帯。多いときは180店舗くらい出店しているそうですが窮屈感はなく、むしろ各店のスペースはほかの骨董市などよりもちょっと広め。ほかにお客さんがいても遠慮がちにならずにゆっくり見られそうなのもいい感じです。木陰がたくさんあるので、少し暑い時期に訪れても心地よく過ごせます。全国から集まる骨董や古民具は、置物、食器、着物にインテリア雑貨まで、時代も種類も幅広い印象です。このとき気になったお店は古い文具系が豊富なお店。じっくり拝見し、メガネを手にした猫のブックエンドが気に入って買うことに。「え?・片方しかない!?」まあそれも蚤の市らしさ、不便を楽しむのも古い物を愛でる趣きですから。

[DATA]

開市場所：調公園
（さいたま市浦和区岸町3-17）
アクセス：JR浦和駅西口より徒歩12分
開市日時：毎月第4土曜 7時～15時頃
http://ichigoichie.moo.jp/furusato.html

ひとことコラム

隣接する調神社へ、まずお参りをしてから定期市を楽しませていただきましょう。ぜひ寄りたい理由がもう一つ。調神社と同じ読みの「月」の動物で神の使いとされた信仰からだそうですが、狛犬ならぬ狛うさぎなのです。さらに絵馬も、手《ちょう》水《ず》舎《や》で水を出すのも龍ではなくうさぎ！拝殿の彫刻に池の噴水、ほかにもまだまだうさぎが潜んでいそうです。特に卯年生まれやうさぎ好きの方にもおすすめ。ぜひ訪れてみて。

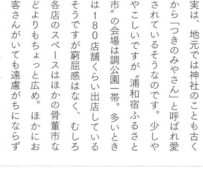

87

川越成田不動尊蚤の市

小江戸・川越の風情も楽しめる市

骨董・雑貨
神社仏閣
毎月28日

成田山川越別院は、開創165年を超える由緒ある寺社です。ご縁日の毎月28日に開かれる〝川越成田不動尊蚤の市〟は、最盛期には約100店の骨董商が集う、にぎわいのある定期市です。小江戸・川越だけあって近隣の観光スポットから立ち寄る方も多く、「知らずに28日に来てラッキーだったわ!」という外国人観光客もいらっしゃいました。そうした人たちにも人気があるのか、着物などの古布が目立ちます。また、小ぶりな日用品だけではなく、大きな一枚板や昔の作業器具のような古民具まであって「背負って帰れるかしら?」なんて想像したりして。骨董市ではなく「蚤の市」と名乗っているところも多彩な品ぞろえから来ているのかもしれません。

遠来の人は、朝早めから蚤の市をチェック→昼の混み合う前に食事や蔵の街観光→また蚤の市に寄って目星をつけたものが残っていたら購入を検討→帰路につく、のルートはいかがですか?

[DATA]

開市場所：成田山川越別院境内(川越市久保町9-2)

アクセス：西武新宿線本川越駅より徒歩17分、東武東上線川越市駅より徒歩20分、東武東上線・JR川越駅よりバスT1乗り場「小江戸名所めぐりバス」T3成田山前停下車、すぐ(一般路線バスもあり)

開市日時：毎月28日 5時～16時頃

ひとことコラム

川越駅から乗車できる小江戸を巡回する「名所めぐりバス」は1日乗車券300円(小児半額)で自由に乗り降りができます(東武バス営業所、東武線定期券発売所などで発売。車内購入も可)。成田山前にも停車しますが、始発は9時(平日10時以降)、早朝から蚤の市を楽しみたい方は一般路線バス(指定区間は1日乗車券使用可)か、一駅先から歩きましょう。「帰りに観光も」と思ったらぜひリュック持参で。

88

「かつて」と「今」と「人」が交わる場づくりを
(ARTISAN) FARMERS MARKET KAWAGUCHI

フード・クラフト
施設内広場
毎月第2土日

JR赤羽駅からバスに揺られること約10分、停留所の周辺は、工場や物流センターが立ち並ぶ工業地帯でした。「ここで?」と驚きつつ進むと、古い石塀におしゃれなフラッグが見えてきます。〝アルチザン・ファーマーズマーケット・カワグチ〟が開かれるのは、かつて鋳物や機械をつくっていた会社の工場。創業100年超の老舗企業が、人と人をつなぐ場づくりになればと始めたそうです。敷地内の印象はまるで緑あふれる公園! 木々が色づく中央の広場にはピクニックを楽しむ人の姿もあって、なんだかアットホームな雰囲気です。有機農家や養蜂を営むご家族などの県下生産者、クラフト系のショップ、ものづくり教室などもありました。主催者がオーガニック飲料の販売も手掛けるように、食に対するこだわりをもった出店も多いようです。地域生産者との交流で「あそこでこんなものが採れるんだ」と理解が深まるなど、定期市から街を知る、よい機会になりそうです。

Ⓐ工場跡地の背景も演出になるおしゃれなレイアウト　Ⓑ農家が自ら販売する野菜もほぼ毎回登場　Ⓒ季節を通して自然も満喫できる空間。この日は木漏れ日の中でフラダンスのワークショップ　Ⓓものづくりを提案する出店者も多数参加　Ⓔ県産の食を中心に「食べるを楽しむ」提案もあります

フードブースでは食器リユースの取り組みを開始

[DATA]

開市場所：
OKS大泉工場敷地内（川口市領家5-4-1）

アクセス：
埼玉高速鉄道川口元郷駅またはJR赤羽駅東口より国際興業バス・赤23系 椰子の木橋停下車、徒歩3分

開市日時：
毎月第2土曜・日曜 10時～16時
https://oks-afmk.com/

ひとことコラム

冠の「ARTISAN」は「職人・匠」などを表す語。工業地帯で始まったマーケットは、新たな定期市の形態提案だと感じます。地方でも都市でもよく聞かれる「かつてものづくりの街として栄えた」というワード。「かつて」も「今」も、ものづくりをするスピリットはきっと同じ。それを伝えていくことが定期市ならできるはずです。こうした「かつての場」を「今」に生かしていくことが、さらに広がって受け入れられていくといいな、と心から思います。

世界中から作り手が集う場所へ ここにしかないものを目指して

ローカルを魅力に変えて、定期市をつくるには？　川口から場所を生かした定期市を発信する88アルチザン・ファーマーズマーケット・カワグチに学びます

○地元の食文化と交流を大切にする

視察で訪れた欧米、特にポートランドの大学内でのファーマーズマーケットの取り組みに感銘を受け、オーガニックや地産地消の食文化とローカルコミュニティを大切にする姿勢を手本に、緑あふれる自社環境を重ね合わせた定期市づくりに着手した。

○職人（アルチザン）にこだわる

ローカルコミュニティであっても、常に目線はグローバルに。作り手が集う場所として魅力あるものにするため、川口が継承してきた「ものづくりの街」の再構築と職人ファーストのPRに力を入れていく。将来は海外からの参加やコラボも目指すという。

○参加を楽しむ環境づくり

出店者に「あそこで何かやってみたい」と思わせる動機を与えること。場所の提供だけではなく、一緒につくり上げたいという熱意を伝え続け、コミュニケーションを欠かさないなどの細かなケアも大切だ。スタッフが楽しむ気持ちは来場者にも必ず伝わる。

○環境配慮型ごみゼロマルシェ

開市2年目の2019年春から、リユース食器のレンタルやマイ食器持参の呼びかけを開始。「何のためにやっているのか」をみんなで理解し、それがやがて当たり前になることをゴールとして、定期市だからこそできる提案を続けていく。

○それぞれの交差点としての役割

「ここを目指したい」と思ってもらえる場所になることが目標であり課題。作り手にとっては「ここから始める」出発点となり、来場してくれる方々の「目的地」、人・物・情報の交差点になることを目指していく。

＼この人に聞きました／

埼玉のイチ仕掛け人
株式会社大泉工場

88 (ARTISAN) FARMERS MARKET KAWAGUCHIを主催する企業
（工場跡地としては珍しい、緑あふれる空間が魅力の一つ。
「この環境を生かしたマーケットを！」と立ち上がった代表とメンバーたち、
始まったばかりの歩みは思った以上に力強く頼もしい！ by シバヤマ）

HOW TO
イチびらき

いろいろな定期市をめぐってみて、かつての私と同じように、「いつか自分でもイチを開いてみたい」と感じる人がいたらうれしいです。

開市にチャレンジしたい人のはじめの一歩や、イチを開いて続けていくための助けになればと、準備や運営のヒントをまとめてみました。また、これから出店してみようと考えている作り手さんには、イチをつくり上げる人の熱い思いをくみとってもらえたら何よりです。

イチを愛するすべての人へ、さらなるイチの魅力を共有できますように。

― 開市準備START! ―

決めごとを洗い出して、順を追って進めることは、仕事や勉強のタスク処理となんら変わりません。ただ一つ、来場者、出店者、会場提供者と地域住民、みんながハッピーになること、「三方よし」の精神だけはブレないように持ち続けましょう。

基本編

気になるイチを見てまわる

たくさんのイチを見てまわって「自分だったら?」と考えることから始めよう。できれば興味のある分野だけではなく、古いもの新しいもの問わず、あえて多ジャンルのイチをめぐることで、本当に好きなもの、やりたい方向が見えてくるはず。

開市場所の選定

開市場所はテーマに影響するので、やりたいテーマに合う場所か、場所に合わせてテーマを決めるか、まず優先度を考えよう。屋外か室内か、軒先から商店街まで規模もさまざま。自前のスペースがある場合は別として、会場提供者との信頼関係が第一。アクセスの良し悪しは内容（魅力あるテーマや出店者）でカバーできる。

テーマやイメージの確立

場所（会場の雰囲気）、時期、土地柄などに合わせたり、どのような人たちに来て欲しいかによって決めたりするのもあり。もちろん主催者の「好きの塊」から発信されるニッチな企画もおもしろい。イチの数が増えてきた今だからこそ、地域ぐるみで盛り上げるためにも、近くで開かれている定期市と競合しないことも考慮したい。

出店者のセレクション

主催者が集める場合は、候補者を探し向き合うための情熱と時間が必須。公募は一見楽そうだが、集まる保証はなく、各店の魅力の査定も必要。いずれも主催者の腕にかかっているといえる。選び方は明確に告知する必要あり。集め方も、あえて同じジャンルだけを集める、1ジャンル1店（競合しない）などのさまざまな考え方がある。

開市の時期や時間を決める

週、月、隔月、季節、年ごとのように、開市時期の設定はさまざま。週末ではなく、曜日や日にち（1のつく日など）のように昔からの風習にのっとる場合も多い。また、食や体に関するテーマの場合、新月や満月などの月齢や暦に合わせたものも増えている。いきなり毎週と決めるよりも、数回のプレ開催で反応を見てみよう。

運営体制を熟慮する

一人で、仲間と、地域ぐるみでなど、どのような規模でも協力スタッフは欠かせない。準備時間とコストに見合ったボランティア（有償・無償）を募る場合も、内容に共感し、一緒につくり上げようという気概が感じられるメンバーで構成したい。やるべきことは、規模にかかわらず同じように発生する。体制づくりには熟慮を重ねよう。

応用編

点より線のPR活動

SNSで最新情報だけを発信しておけばいいという「点」ではダメ。詳細な事前告知、会期中の最新情報、事後のお礼など、「線」でつながる仕組みが大切。今回行けなかった人にも「次はぜひ！」と思ってもらえるかどうかはPR手腕の見せどころ。

その先にあるものを考える

たとえば、再生（場所や地域を生まれ変わらせる）、活性（場所、人、地域をさらに盛り上げる）、創生（何もないところから始める）など、好きなことを始めてみたら、その先にあるものにも意識が向くようになってくる。自分のやりたいイチを達成できたら、次は地域の人や場所が求めているものに目を向けてみるのもいい。

誰にでもやさしい情報発信

見る側にやさしい情報発信になっているか、改めて考えよう。人気のSNSは最新情報に特化する反面、過去の情報にアクセスしにくい。欲しい情報をすぐ引き出せる機能は意外と求められていて、実はシンプルなブログ形式がおすすめ。地元に向けたフライヤーを地域の掲示板や店頭に貼らせてもらうなど、アナログな手法も侮れない。

プラスαをしてみる

主催者やスタッフの興味ある分野での社会貢献を組み合わせることもできる。たとえば食関連ならフードロス問題、動物関連なら保護犬猫に関する情報発信、古本や古着を回収して慈善団体に寄付するなど、方法はさまざま。せっかくの場を生かしたアクションをプラスαで考えてみるのも一案。

リスクマネジメント

天候（暑さ、寒さ、雨風対応）、思いのほかの混雑、ごみの処理etc……。来場者や近隣、出店者からも、想定外の要望やクレームが起こるかもしれないと心得ること。商品や飲食を提供する以上、「楽しければいいや」というお気楽さだけではNG。あらゆる事態を想定した対応をシミュレーションしておこう。

取り組む順序をシャッフルしたりオプションを追加したり、状況に応じて、ぜひ自分のアイデアを膨らませるツールにしてみてください！

「いつもあるイチ」にも行ってみよう！

定期市好きは「いつもあるイチ」も好き。間違いなさそうです。今度はちょっと大きな市場へ行ってみませんか？

メインの市場機能が２０１８年10月に豊洲へと移転した築地。その昔、食のプロの方に付き添って場内見学をしたことがありました。中に入っていくと、ものすごい活気に圧倒されるばかりでした。次第に不思議な感じになっていったのを今でも覚えています。あちこちで流れる水の音にどんどん緊張が高まって、やがて透明なバリアに囲まれるように声を発することも、手も足も出ない……そんな感覚に陥ったのです。「食いしん坊で食に興味あり」なんて豪語していても、そこにいる私はちっぽけでひたすら無力。場内は、一般人が入れるエリアがあってもやはりプロ優先だと痛感しました。以来、築地といえば場外を楽しむだけになりました。それでも、場内がなくなるというニュー

スを見ていると、なんともいえない郷愁に誘われて、２０１８年10月6日の最終日に再訪。惜しむ人の姿であふれんばかりの通路や、80年以上の歴史を歩んできた看板など、愛おしむように見学をさせてもらったのでした。

地方でも、長く親しまれていた公設市場がどんどんなくなっているようです。市場は日常とつながっている場所、常設の市場には、定期市とは異なる魅力があります。やっぱりイチと名のつくものは大好き！　もっと訪ねてみようと思うのでした。

[DATA]

築地場外市場
都営大江戸線築地市場駅、東京メトロ日比谷線築地駅よりすぐ
http://www.tsukiji.or.jp/

築地場外では、生鮮や加工食品、道具類や飲食まで約400店以上が引き続き営業中。場外の活気は健在！いや、もしかしたら今まで以上かも？春の「半値市」や、毎月最終土曜に東通りの有志店で行われる「千円市」など「イチ」と銘打った催しのほか、総合案内所「情報市場ぷらっと築地」や、調理設備が整ったレンタルスペース「魚河岸スタジオ」の設置など、一般人から食のプロまで活用できる、食の築地を引き続き提案しています。まだまだ築地は元気です！

そのほかの東京の常設市場

地方卸売市場や公設市場など、大きな市場でも一般利用できるものはほかにもあります。あなたの地元の市場へもぜひ出かけてみてください。

豊洲市場

豊洲では鮮魚を買える場所がまだなく、一般利用ができるのは飲食店のほか、加工品や雑貨の物販が主。私が好きな場所は管理棟にある「銀鱗文庫」。築地から続く伝統ある資料室で、水産関連の蔵書がそろっている。一般では閲覧や展示企画が楽しめる（貸し出しは会員のみ）。

江東区豊洲6-6-1
ゆりかもめ市場前駅からすぐ

足立市場

「千住の魚河岸」と呼ばれ、鮮魚のことはおまかせの下町っ子ご用達の市場。一般開放は年6回（奇数月）の「あだち市場の日」のみ。お見逃しなく！

足立区千住橋戸町50
京成本線千住大橋駅より徒歩5分

府中市場
（大東京綜合卸売センター）

肉・魚介・野菜などの生鮮品から日用品まで幅広く扱い、日常的に利用できる市場。キッズルームや休憩所もあり。若手店主を中心にアート展覧会を催すなど、おもしろい取り組みも始めている。

府中市矢崎町4-1
JR南武線・武蔵野線府中本町駅より徒歩15分、無料駐車場あり

＊一般利用可能の開市日は、常時または開放日のみなど市場によって異なります

イチめぐりあの日あのとき

十数年の間、たくさんのイチをめぐってきました。
そのなかにはもうなくなってしまったイチもあります。
今はもうなき思い出の定期市に、思いをはせて……。

はじめの一歩は突然に

2007年頃、85勝浦朝市の取材をきっかけに朝市に魅せられはじめた私は、「近くでやってないかな?」と探し始めてみました。そこで見つけたのが、吉祥寺のアンティーク雑貨店が軒先で開く〝おはよう市〟でした。たしか日曜の7時か8時からで、早起きして一人で初訪問。ドキドキしながら向かうと、軒先にはすでに何人か人影が……。そっと近づくと、「試食しませんか?」とジャム屋さんが声をかけてくれました。界隈ではすでに注目を集めていて、お目当てに朝市に来た人もいる人気店のジャムや、レトロな自転車で行商する玄米ワッフル屋さんにも感動しな

がら、朝市価格で大放出の雑貨をワッフル片手に物色。ポットに入った紅茶とコーヒーはセルフサービスで1杯50円。椅子もあって、「初めまして」でもまるで縁側の茶飲み友達のように気軽におしゃべりして、もうワクワクが止まらなかったことを思い出します。そして、イチにハマりそうだと話すと、ジャム屋さんが「来週、ここに出店するよ」とフライヤーを手渡してくれたのでした。それが私の軒先朝市の原風景。だからこそとても思い出深い朝市なのです。

銭湯で古本浴を

昭和初期創業の目白台・月の湯。2008年、月の湯を愛する有志によって古本市が開かれていました。脱衣所と洗い場を古本市会場とカフェ仕様に衣替え。下駄箱の木札、味のある壁画やカラン、タイルの感触……。古書が脱衣カゴにディスプレイされるなど、趣ある空間をあますところなく活用されて、とても居心地のいいイチだったなあ。それから何年か春と秋に開催され、何度か足を運んで楽しませていただきました。木造銭湯としては都内でも最古級だったという月の湯は、2015年に取り壊されてしまい、もうその姿を見ることはできません。イチを通して素敵な銭湯を知り、訪れることができたのは貴重な体験でした。

あとがき

忙しい毎日で寝坊をしたい週末も、早起きして朝市に出かけてみたら、午前中だけでも思いっきりリフレッシュ！　帰ってから昼寝もできると思えば、頑張って起きられそうではないですか？

決まった日に現れて、一日が終われば去っていく。次に同じ店、同じ品があるとは限らない……そんな一期一会のひとときを繰り返しながら、イチをめぐる日々は続きます。

初めての路線で電車に乗ったり、早朝のハイウエイをドライブしたり、一人で好きなように行動して自由を味わうのも楽しみ方の一つです。仲間や家族と出かけたなら、帰り道にランチやお茶をしながらイチ話で盛り上がり、購入品があれば家に帰ってからも余韻を楽しめる、そんなオマケまでついてきます。現地で欲しいものを手にできなくても、知らなかったイチのフライヤーや、帰り道でおいしい店を見つけるのだって、そこへ行ったからこその収穫です。

情報があふれている時代、ネット上で「知る」ことはいくらでもできますが、それは「経験」とは別のもの。座学だけではわからない、匂い、風、会話、笑顔……手と手、言葉と笑顔のやりとりは、現場に行かなければ得られません。知っているだけではなく、ぜひ経験してもらいたい。どんなに便利な世の中になっても、やっぱり私はイチに通いたいと思います。

出版にあたり１００以上を改めてめぐり直し、その中で今回は88のイチについて書かせていただきました。まだ訪れることができていないもの、タイミングが合わずにご紹介できなかったものもたくさんありますが、暑苦しいくらいのイチ愛が少しでも響いたら幸いです。そして、私のようにニッチなイチ好きを見つけ、辛抱強く付き合ってくださった、エクスナレッジの大久保萌さん、本当にありがとう。

最後に、すべてのイチに関わるみなさまに、敬意と御礼と愛を込めて……楽しい時間をありがとうございます。そして、これからもどうぞよろしく。

著者
柴山ミカ

プランニングディレクター、編集ライターとして広告や出版の現場で活動する傍ら、取材で訪れた朝市に魅了され、あらゆる定期市をめぐるのがライフワークに。その後、食にまつわるイチの企画運営やWEB連載「イチめぐり」を担当。イチと同じくらい犬と青空とキャンプを愛する、京都生まれ。

東京の市場さんぽ

2019年9月9日　初版第1刷発行

著者　柴山ミカ

発行者　澤井聖一

発行所　株式会社エクスナレッジ
〒106-0032
東京都港区六本木7-2-26

問合先　【編集】
電話　03-3403-1381
ファックス　03-3403-1345
メール　info@xknowledge.co.jp
【販売】
電話　03-3403-1321
ファックス　03-3403-1829